与最聪明的人共同进化

人人都是 CHEERS

HERE COMES EVERYBODY

CHEERS
湛庐

# 能成事的团队

# Teams That Work

[美] 斯科特·坦嫩鲍姆 Scott Tannenbaum  著
爱德华多·萨拉斯 Eduardo Salas

陈玮 余杰丰 译

浙江教育出版社·杭州

## 你了解如何打造能成事的团队吗？

扫码加入书架
领取阅读激励

- 出现以下哪类情况时，团队中的鸿沟更容易出现问题？（单选题）
  A. 团队成员之间差异较大
  B. 团队规模很大
  C. 团队内的分组更多
  D. 团队成员的态度不开放

扫码获取全部测试题及答案，
一起探索团队成事的关键

- 以下不是团队效能组成部分的是？（单选题）
  A. 领导力
  B. 团队弹性
  C. 活力
  D. 持续的绩效表现

- 以下哪项驱动因素能决定团队是否有足够的资源来完成任务？（单选题）
  A. 能力
  B. 协作
  C. 氛围
  D. 沟通

扫描左侧二维码查看本书更多测试题

Teams That Work
推荐序

# 打造应对时代变化的高效能团队

陈玮
CGL 集团副董事长
CGL 管理咨询业务 CEO
北大汇丰商学院管理实践教授

我们很多企业不讲团队!

也许会有人口口声声讲自己依靠团队,但他们骨子里并不相信团队,更不用说用心建设团队了。

他们不相信团队相信什么?他们相信聪明能干、英雄般的老板,相信等级分明的指挥系统,相信指哪打哪的执行力。因为靠这三件套,他们已经一路过关斩将,赢了好多年了!

上述三件套的基本假设是什么？第一，老板永远是对的；第二，上级比下属聪明；第三，执行力可以解决一切问题。

进入 VUCA[①] 和 BANI[②] 的时代，世界如此动荡复杂、模糊不定，我们进入了非线性、难理解的深水区。在如此焦虑、脆弱与不安的时代里，靠英明的老板、等级森严的组织、过人的执行力这三件套还能撑到几时？

很多人都知道老三样不行了，为什么？

因为如今老板没方向了、上级也不知道怎么"玩"了、竞争对手比你更"卷"！你还怎么生存下去？

单打独斗、明星式英雄般的 CEO，在经济下行、增长失速、创新停滞的情况下显得一筹莫展。高效率、强执行的旧模式已经难以为继，时代呼唤高创新、强执行的双轮驱动新模式。而这一切，倒逼中国企业进行全面重构，也就是实施使命重构、战略重构、能力重构、组织重构、文化重构，以及领导力重构。而组织全面推行团队化运作，在组织中构建成百上千，甚至成千上万个具备敏捷、创新、智能、跨界、韧性等特性的小团队，将来可能成为中国企业创新增长的组织保障！

越来越多的研究和实践告诉我们，未来增长与进化的重要源泉来自创新的团队和团队的创新。创新与增长在根本上就是一项团队运动！

---

① Volatility（易变性）、Uncertainty（不确定性）、Complexity（复杂性）和 Ambiguity（模糊性）的首字母缩写组合，用于形容时代特性。——编者注

② Brittle（脆弱的）、Anxious（焦虑的）、Non-linear（非线性的）和 Incomprehensible（不可理解的）的首字母缩写组合，用以描绘当今世界的特征。——编者注

但团队并不好搞！我们这辈子，见过的团队还真多：项目团队、虚拟团队、跨职能团队、攻坚团队、创新团队、高管团队、顾问团队、研发团队、销售团队、运营团队、战略团队、合规团队、危机管理团队、自组织团队、多功能团队、高绩效团队、学习型团队、敏捷交付团队、扁平化团队、临时任务团队、内部创业团队、远程工作团队、志愿者团队、教练辅导团队、影子内阁团队、产品开发团队、市场调研团队、品牌管理团队、内容创作团队、社交媒体团队、信息技术团队、网络安全团队、环境健康与安全团队、设施管理团队、业务发展团队、风险管理团队、客户体验团队、数据分析团队、人工智能团队、质量保障团队、技术支持团队、变革管理团队等，名目繁多，数不胜数。

但是，从最高层的第一团队，到基层大量的项目团队，你见过多少团队是高效运作的？你见过多少团队真正做到使命驱动、能打胜仗、持续进化、互相滋养的？

为什么许多中国企业的第一团队成员都是貌合神离、同床异梦、各自为战？为什么大量的项目团队虎头蛇尾，难以善始善终？为什么这么多内部创新、创业团队以失败告终？为什么这么多人在团队中低水平地内卷、内耗，甚至"躺平"与"摆烂"？为什么这么多团队无法给人带来安全感、归属感、存在感、成就感，更不用说使命感了？为什么？为什么？为什么？

成功的团队都是相似的，低效的团队却各有各的低效原因。那些缺乏战斗力的团队，毛病不少、问题很多，我在这里不妨罗列一下团队的 10 大问题：

- 互相看不起：团队成员之间相互看不起，似乎是普遍现象。团队成员看不起别人、自尊自大、过于以自我为中心，很难在团队中建立信任，很难进行合作。

- 不习惯主动：团队中不少人不喜欢采取主动，他们认为自告奋勇可能被人笑话，主动揽事可能自讨苦吃，天塌下来总有高个子顶着，所以自己不去当这个出头鸟。
- 自扫门前雪：铁路警察，各管一段。团队成员容易我管我的，你忙你的，互不干扰、心照不宣、相安无事。
- 不敢说真话：团队成员普遍缺乏安全感，说真话风险大、说真话伤人心、说真话讨人嫌、说真话没人听。大家都认为避免冲突、远离是非才是自我保全之道。
- 私低下较劲：你"卷"我更"卷"，没办法不"卷"。同事之间就是竞争关系，你上我下、我高你低，同事竞争基本是零和游戏。
- 胸中无团队：完成领导交办的任务、做好自己的工作才是正道。团队成员认为，团队目标、团队荣誉、团队公共事务，都不算我的KPI（Key Performance Indicator，关键绩效指标），我管不着，也管不了。
- 横向少沟通：团队成员会向上管理期望、向下打气鼓劲，就是不知道为什么要花宝贵时间进行横向沟通、如何才能有效横向沟通。他们认为，真正有事时别人会找我，后发制人才稳妥。
- 等老板发话：在与同僚的冲突、重要关系的建立、特别项目的启动、关键资源的获取等方面，团队成员相信老板心中自有打算。如果老板没发话，他们就再等等看。
- 缺乏同理心：团队成员总会想，人人有难处，让我体谅你，谁来体谅我；你没做到，就是努力不够、能力不足，我没工夫听你解释听你扯；我做不到同理共情，我听不出你的弦外之音、难言之隐，不是我没能力，而是我不在意。
- 职业化不够：团队成员开会经常迟到、信息常常不回、约好的会随意临时取消、拍着胸脯答应的事情常常不去兑现……这些缺乏职业化的表现破坏了积极的工作关系和团队氛围。

以上现象看起来有点复杂，但深层原因也许非常简单。人性复杂，导致团队建设本身难度不小，再加上我们又缺乏经营高效团队的能力和方法。

如果我们想要推进全面团队化的组织重构，如果我们期望构建高效团队，以构建高绩效组织，就需要摸索自己的团队建设理念、算法、套路和系统方法论。《能成事的团队》（Teams That Work）就是一本可以给我们带来启发和价值指引的书。

《能成事的团队》由两位杰出的工业与组织心理学家共同撰写。斯科特·坦嫩鲍姆是组织效率集团创始人兼CEO，为全球600多家组织提供指导，服务的客户遍布各大业务领域，包括癌症护理团队、石油钻井队、深海潜水队、军事团队，以及NASA的航空航天团队等。他还是美国工业与组织心理学学会、美国心理科学学会成员，荣获两大学会的杰出贡献奖。在30多种心理学、商业和医学杂志上发表论文，被引用超过2万次。爱德华多·萨拉斯是美国莱斯大学心理学教授兼心理科学系主任，美国工业与组织心理学学会前任主席，美国心理学学会、人类因素和人类工程学学会成员，获得了美国海军部颁发的功勋公务员奖。他在2012年荣获INGroup颁发的终身成就奖、杰出专业贡献奖，还4次获得M. Scott Myers工作场所应用研究奖。2016年，萨拉斯又荣获工业与组织心理学学会颁发的杰出科学贡献奖，以及美国心理学学会颁发的心理学终身成就奖。他曾发表600多篇文章，作品被引用了超过10万次。

这两位杰出的工业与组织心理学家著作等身，构建的团队建设理论基于大量的实证研究和组织实践，容易理解、便于应用。对于中国企业及各类组织来说，《能成事的团队》是建设团队时很有理论和实用价值的指南和参考。

在《能成事的团队》一书中，两位作者提出了提升团队效能的 7 大驱动因素的模型。这些驱动因素包括：能力、协作、协调、沟通、认知、氛围、教练。从表面上来看，这 7 大驱动因素好像都是老生常谈，没有什么新意。确实，单看这几个字，我们会感到似曾相识。但这本书最大的特点，是这两位作者基于大量实证研究所构建的实用方法论。

作者在本书中大量引用了关于团队有效性科学的实证研究。作者在描述某项研究时，常常会提到"元分析"（Meta-analysis）这种方法。

元分析有时又被称为荟萃分析，是一种用定量方法整合研究结果的统计方法。它把多项研究的结果加权平均、综合分析。元分析会整合几篇、几十篇，甚至几百篇在权威期刊上发表的实证研究进行综述，这样就尽量避免了过于依赖任何单一研究的问题，大大减少了结论的主观性。

本书分享并借鉴了 35 个以上的元分析，可见作者的理论模型构筑在坚实的实证研究基础之上。有些研究、概念和方法相当具有启发性：

- 杰弗里·勒平（Jeffery LePine）及其同事对 130 项研究的结果进行了元分析，结果显示，展现出更好合作过程的团队，成功的可能性要高出 20%～25%。20%～25% 啊，这个数据令人感到鼓舞。
- 明星队员是否越多越好？来自法国、美国和荷兰的一组研究人员探讨了这样一个问题：团队中的明星过多是否会带来问题？全球知名的欧洲工商管理学院的组织行为学教授罗德里克·斯瓦伯（Roderick Swaab）领导的研究团队提出了"人才过剩"假说。他们基于这样一种假设，即如果一个团队中有太多具有主导地位的个体，可能会导致功能失调性的竞争和对团队地位的争夺。相互竞争的明星过度关注自己在团队中的地位，从而损害了团队的利益。研究人员认为，才华横溢的团队成员之间会存在更多不健康的冲突，在某些情况下，他们甚至会公然破坏彼此的关系。以上几项研究发现，并不是明星队员越多，组织绩效越好。人才密度高很重要，但也要防止人才过剩，特别是在那种需要高度互相依赖的团队中。

- 团队成员的心理安全感对团队能否成功影响巨大。克瑞顿大学的兰斯·弗雷泽（Lance Frazier）和其他 4 名研究人员发表了一项关于心理安全感预测因子和影响的元分析。他们分析了 136 个先前研究样本的近 5 000 个团队数据，结果发现在个人和团队两个层面上，心理安全感都与任务绩效、信息共享、学习行为以及工作满意度密切相关。还有其他研究发现，等级森严的组织文化可能会破坏人们的心理安全感。一项面对 5 000 多支登山队进行的研究表明，团队中来自具有鲜明等级文化的国家的成员越多，成员死亡率就越高。人们在感知到等级权力的差异时会变得不敢畅所欲言，造成团队心理安全感低下。

- 能打胜仗的团队，不只拥有相信自己能把事情办成的团队成员，更重要的是，这个团队拥有集体效能，也就是一种集体的信念：我们这个团队能赢、能成事、能打胜仗。亚历山大·斯塔伊科维奇（Alexander Stajkovic）、李东燮和安东尼·尼伯格（Anthony Nyberg）对基于 6 000 多个群体数据的近 100 项研究进行了元分析。他们研究了团队潜能、集体效能和团队绩效之间的关系，发现团队潜能和集体效能都能用于预测团队绩效，但集体效能是更强的预测因子。相信自己的团队能赢的这种信念还能使团队更具韧性和复原力。一个适应力强的团队能够直面挑战、承受外部压力和情绪压力，并从中恢复过来。这说明，对团队成功来说，"我们能行"比"我能行"重要得多。

- 团队回顾和复盘是提升团队效能的好方法。团队回顾领域的研究发现，所有团队都应该花时间进行定期回顾，这样可以帮助他们加速学习、适应并提高团队绩效。斯科特和他的同事克里斯·伽拉佐利（Chris Cerasoli）的一篇元分析表明，进行回顾、复盘的团队比其他团队的绩效平均高出 20%！

- 在团队中，只要在干事，冲突就是家常便饭。所有团队都会经历冲突，但冲突的类型各不相同。研究人员将冲突分为任务冲突（与工作内容和结果有关）、人际冲突（与个人问题有关）和过程冲突（与工作安排有关）。墨尔本大学和加州大学伯克利分校的教授卡伦·耶恩（Karen Jehn）和珍妮弗·查特曼（Jennifer Chatman）研究发现，与绩效较差的团队相比，在绩效较好的团队中，任务冲突较多。因此中国人说的"对事不对人"很有道理。我们的团队要拥抱建设性冲突，但最好不要往人际关系上扯，防止伤感情。

让我特别兴奋的是，本书引用的大量实证研究，也间接支撑了我提出的卓越第一团队或者领导团队的五大要素和修炼方法：使命驱动、安全自在、兄弟情谊、优势互补、持续进化。

《能成事的团队》中还有很多提升团队有效性的有趣、有用的研究和方法，可以帮助我们在建设团队过程中学习理论、掌握方法，绝对是在团队建设方面值得拥有的一份指引。

感谢湛庐的朋友推荐了这本书，特别感谢编辑的大力帮助，使我们在新冠疫情期间通过翻译工作持续学习，并增加了一点生活的多样性。

以前我阅读引进版书时，老是抱怨译者翻译不精准、表达不到位。当自己真正投身其中，才理解"看人挑担不吃力"的道理。准确理解原文已经不易，以通俗易懂的中文演绎出来更为艰难。这里要特别感谢我的合译者、蜜蜂学堂创始人余杰丰先生，他花了更大的功夫、倾注了更多的心血完成这项翻译工作。此时此刻，我们抱着战战兢兢的心情等待大家的批评指正。

希望我们这次翻译的学习之旅，能够帮我们找到更多关注团队建设、组织重构的朋友，大家一起切磋、共同探讨！

Teams
That Work
前 言

## 什么样的团队能成事

你是一项重要且极具挑战性任务团队中的一员，你肩负的任务极其危险，甚至有可能危及你和团队其他成员的生命。你们需要在一个狭小且密闭的空间里工作多年，在此期间你们要和自己的家人、朋友断绝一切来往，而所谓的"总部"也远在天边。当你有什么想法要与总部人员沟通时，将消息传送出去就需要花 20 分钟，而在他们做出回应的 20 分钟后，消息才能再送到你这里。因此，你无法从他们那里获得任何实时的指导。这看起来很糟糕，不是吗？你甚至连请病假和出去散步都不行，唯一能做的事就是和团队其他成员并肩工作，共同生活。对于加入这样的团队，你会抱有怎样的期待呢？

以上描述都是太空探索人员在未来执行任务时将长期面临的挑战。显而易见，执行这样的任务对团队合作的要求很高，这正是我们一直协助美国国家航空航天局（NASA）研究团队合作的原因。我们的目的是帮助他们选拔出那些相互之间能够友好合作的宇航员，组建一支综合能力较强的团队。这支团队在逆境中不仅能经受住考验，还能获得成长。

进行太空之旅对一个团队来说是一项极大的挑战，在满分为100分的难度量表中，其难度可以达到98分。当然，大多数团队不会面临如此极端的挑战，但这并不意味着团队管理就是件容易的事。所有的团队都会面临挑战，即使那些从事简单项目的团队也是如此。团队合作是困难的。如果你已经工作了一段时间，那么你可能亲身经历过某种类型的团队内斗。现实并不像《乐高大电影》(The Lego Movie) 里所唱的那样——"作为团队中的一员是一件很酷的事"。加入一个糟糕的团队可能会给你带来一段痛苦的经历。

## 用科学方法打造高效能团队

我们写作这本书是为了帮助你和你的同事做出明智的、基于实证研究的决策，从而使你们的团队能够更好地合作并取得出色的成果。你将学习到团队合作的科学知识和一些切实可行的方法，从而更有可能成为一名高效能团队领导者、一名表现突出的团队成员、一名善于提供支持的高层领导者或一名有影响力的咨询顾问。

我们团队由一群工业与组织心理学家（爱德华多·萨拉斯还是一名人因

学家①）构成，在过去30多年的时间里，我们与处于不同情境中的团队合作，为他们提供建议并对其进行研究。其中有些团队的成员在危险的环境中工作，例如宇航员、大西洋北海海域石油钻井平台的工作人员、空降消防员（他们跳伞进入火场）和特种部队；有些团队在可能危及生命的环境中工作，比如医疗队和军事飞行队。此外，还有公司中的董事会、高层领导者团队，以及销售、制造、财务和其他项目团队。我们将分享与这些团队合作的一些经验。

在我们与这些团队展开合作并对他们进行研究的同时，其他研究人员也做着同样的事情。现在，有趣的实证研究越来越多，其中大部分是由行为科学家开展的。我们仔细查阅了相关的研究文献，并结合自己的经验，寻找能够揭示真正提升团队效能的通用模式。最终，我们发现了能够持续提升团队效能的7大驱动因素。我将在后文高度概括各个因素，后续章节会揭示这几大驱动因素的相关细节，包括实用技巧和相关工具。在此之前，我们先要阐明"高效能团队"的含义。

高效能团队首先是一个团队。我们对团队的定义如下：

- 包含两个或两个以上成员。
- 成员间有互动关系。
- 某些时候，有些成员需要相互依赖。
- 有共同的（或至少在某种程度上重叠的）、明确的使命或目标。
- 被其他人或成员视为一个整体（成员所做的一些事情可以合理地归因于团队的整体属性）。

---

① 人因学家：指研究人因学的专家。人因学是一门研究人类在不同环境、产品和服务影响下的身体和状态的学科。它关注如何优化人与系统的交互，以提高效率、安全性和舒适性。——编者注

在同一个房间里工作的一群人不一定能算作一个团队，仅仅共享工作空间或做类似工作的一群人也不能被称为一个团队。团队不一定是有明确定义的实体，也不一定是有明确的角色分配、稳定的团队成员，以及为所有成员所共享的目标。组织中的大多数"团队"的界限都有点模糊，但仍然符合我们对团队的定义。

高效能团队拥有持续的绩效、团队弹性和持续的活力。如果一个团队为了实现一个短期目标而轻率地消耗所有资源和筹码，并影响到团队未来的能力和绩效，那么我们不会认为它是高效的。如果一个团队在条件有利时产生积极的结果，而在情况不利时就举步维艰，或需要很长时间才能从负面事件中恢复过来，那么我们也不会认为它是高效的。如果一个团队过度消耗成员的精力，从而导致成员缺乏适应、坚持和创新所需的活力，那么我们同样不会认为它是高效的。短期结果并不是衡量团队效能的完美指标。

我们所定义的高效能团队由三部分组成：

- 持续的绩效，即随着时间的推移产生积极的成果。
- 团队弹性，即应对挑战、从逆境中复原的能力。
- 持续的活力，即为未来的成功保持必要的能量、精力和资源的能力。

我们要确定是什么让团队变得高效，而不是只关心团队的短期成功或在条件有利时才会有的良好表现。

## 高效能团队的 7 大驱动因素

到底什么才能真正创造团队效能？这 7 大驱动因素始终如一地发挥着作

用（见表 P-1）。这些驱动因素的重要性有时会有所不同，但它们在所有成功的团队中都同样扮演着重要角色。

表 P-1　7 大驱动因素及关键问题

| 驱动因素 | 关键问题 |
| --- | --- |
| 能力 | 团队成员是否具备必要的知识、技能和其他特质 |
| 协作 | 团队成员是否对自己的团队拥有正确的信念和态度 |
| 协调 | 团队成员是否表现出团队成功所必需的团队合作行为 |
| 沟通 | 团队成员之间以及他们与团队外的人能否有效沟通 |
| 认知 | 团队成员是否对优先事项、角色和愿景等关键因素有共同的理解 |
| 氛围 | 团队的运作环境是否有利于成员有效执行团队任务（例如，有没有充足的资源、支持性组织文化） |
| 教练 | 领导者和团队成员的行为是否表现出必要的领导力 |

**能力是指团队中个体的能力和集体的能力**。团队是否具备完成任务、应对挑战和维持业绩所需的知识、技能、个性和其他个人特质？有时，我们可以通过团队成员在关键能力上的平均水平来预测团队的表现。有时，最好的衡量指标可能是明确团队中能力最强或最弱的成员的表现，或者寻找团队中是否有两个具备执行关键任务的能力的成员。

在有关能力的叙述中，你将了解到关于能力的内容，包括有 5 种通用的技能、相对稳定的个人特质，以及 2 种相关的团队合作常识。

**协作是指团队成员对所在团队的态度和信念**。比如，他们如何看待自己的团队和其他团队成员？他们是否认为团队能够成功？他们是否相互信任？他们是否相信自己能够真诚地对待团队中的每个人？他们是否对团队和自己的工作尽心尽责？

人们加入一个团队时，通常会带有一些关于团队工作的固有态度和信念。这些态度和信念一部分是基于人们过去的经验所形成的，另一部分是由人们自己的个性和习惯所塑造的。随着时间的推移，人们会逐渐了解自己的新团队，并对该团队和特定团队成员形成一定的态度和信念。这些因素共同影响着人们参与团队协作的意愿。研究表明，团队成员的心态很重要。例如，当团队成员一致相信自己的团队可能会成功时，团队效能就会提升。

在某些情况下，团队成员间只需要保持基本的礼貌，互不干扰。但即便如此，团队成员也需要具备一定的心态。那就是在需要加强团队协作的情况下，团队成员必须能作为一个整体来工作。

在有关协作的叙述中，你将了解到4种主要协作类型——信任、心理安全感、集体效能和凝聚力，以及如何帮助团队具备这些态度和信念。

**协调是团队合作的核心，它指的是团队需要表现出高效的团队合作行为。**具体的团队合作行为可能因团队而异，也可能因情境而异，但所有团队都需要保持对情境的感知、管理团队情绪，并且团队成员之间要相互支持、相互补位、相互适应。

有些团队陷入困境，是因为团队成员不知道自己需要做出怎样的团队合作行为。举个简单的例子，在高层领导团队中，当某高层领导无法出席会议时，有没有人给他提供会议简报？有没有人代他出席，并意识到需要为他提供某种形式的备忘信息？是否了解必要的团队合作行为只是复杂问题的一部分，真正的核心问题是团队成员是否都有这些行为。

在有关协调的叙述中，你将了解到最重要的4种团队合作行为，以及10条管理冲突的提示。

**沟通**是指团队内部，以及团队与外部的个人或其他团队间的信息交流，进行沟通的目的是完成工作、对问题和危机保持警觉并在团队内外培养积极的关系。沟通并不意味着简单的交谈，沟通也并不总是越多越好。团队的沟通方式会影响团队效能，沟通不畅可能会毁掉一个团队。沟通是必要的，它能确保团队成员获得所需的信息并保持适当的警觉。此外，团队成员与外部人员的沟通方式，例如与合作伙伴、投资人和客户的沟通方式，将极大地影响彼此间的关系。

在有关沟通的叙述中，我们将讨论跨界沟通，以及与关键利益相关者如何保持关系。你将了解到沟通独特信息的重要性、形成沟通闭环的价值，以及如何解决最大的沟通障碍。

**认知**是指团队成员对关键因素有共同的或至少是互补的理解。换句话说，认知与团队成员对优先事项、角色、情境和期望等关键因素的共同意识和理解有关。本书描述的认知与整个团队有关，而与个人的态度或思维方式无关。假如分别采访每个团队成员，他们会如何评估团队中的优先事项呢？又会如何判断由谁负责哪些任务或由谁做出哪些决策呢？

当一个团队在优先事项、角色或处理某些情况方面存在冲突或不一致的观点时，这种情况可能会对团队内部的协调和执行能力产生不利影响。当一个团队拥有共享认知时，团队通常会产生更好的绩效。另一种关于认知的思考是，团队成员能否做到上下一致。

在有关认知的叙述中，你将了解到共享认知的 8 个方面，以及帮助团队成员构建共享认知的 10 种方法。

**氛围**是指团队运作的环境，它会发出支持或抑制团队合作和绩效的信号。没有一个团队是在真空环境中运作的，团队氛围既可能是团队效能的促进因素，也可能是阻碍因素。资源可用性、自主程度、工作环境和时间可用性等内部氛围都会影响团队绩效。而更广泛的外部氛围可能会促进团队合作，也可能会阻碍团队合作，例如绩效管理和薪酬制度等组织的政策和举措。团队所处的氛围也很重要——团队处于一个能让成员畅所欲言的组织中吗？团队能否得到上级领导的支持？

有时氛围是显而易见的，例如，资源不足可能是一个强烈的信号，表明团队项目不受重视。有时氛围不易察觉，例如，谁会在组织中得到提拔？是那些具有团队精神的成员，还是那些自私自利但能做出成绩的成员？总的来说，团队的氛围传递出组织是否接受和鼓励协调的信号。重要的是，要监控团队氛围，并在必要的情况下采取行动，以确保能支持团队取得成功，或者至少能消除明显的障碍。

在有关氛围的叙述中，你将了解到最突出的6项政策和举措、高层领导者创造的3种基本氛围和4种团队内部的合作氛围，这些氛围都会极大地影响团队效能。

**教练与领导力有关**，团队主管和团队成员都应表现出强大的**领导力**。毫无疑问，领导力非常重要。一个好的团队领导者可以帮助团队取得更大的成功，而一个糟糕的领导者不仅会阻碍团队绩效的提升，还可能让团队成员非常不愉快，最终影响成员对团队合作的信念。因此，了解高效能领导者的行为模式和他们的职能是很有价值的，例如，他们如何为成员提供建议和促进团队持续学习。

领导力不仅仅为领导者所独有，团队成员也需要加强并履行一些领导职能，研究人员称这种现象为共享领导。共享领导并不涉及任命额外的领导者，而是涉及一系列非正式领导行为。随着组织结构越来越扁平化，管理者需要管理规模越来越大的团队，无法事必躬亲，也无法为每一名团队成员都提供反馈意见或帮助，这就是团队需要某种程度的共享领导的原因。

在有关教练的叙述中，你将了解到团队必须履行的 7 项关键的领导职能，以及经过实践验证的 4 种领导力方式。

以上便是对 7 大驱动因素的详细描述，它们之间的关系如图 P-1 所示。它们并非独立运作，信息共享（沟通）促进了共同理解（认知），从而使团队在需要时更容易形成相互支持（协调）的状态。研究表明，所有驱动因素都会影响团队效能。

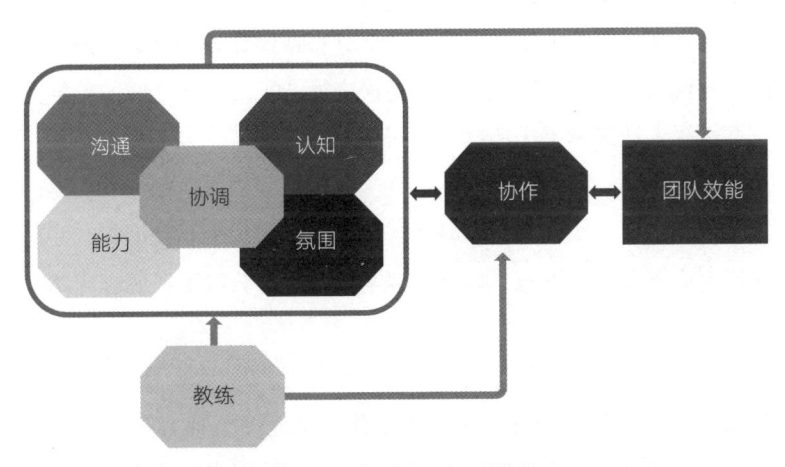

图 P-1　7 大驱动因素之间的关系

这里要强调 3 个关键点。**第一，协作通常以其他 6 大驱动因素为基础。**作为团队成员，"我"是否认为自己的团队能够成功？"我"是否信任其他团队成员？这些团队的态度与信念取决于团队中人才的能力构成、协调工作和有效沟通的程度、成员对角色和优先事项的共同理解程度、资源的获取情况以及各种领导行为。协作这一驱动因素中员工对信任感和团队效能的态度反过来也会影响其他驱动因素。例如，当我们彼此信任时，我会更愿意花时间帮助你，而你也更愿意接受我的帮助。

**第二，教练在团队效能中起着核心作用**。对任何团队的领导者来说，作为教练的重点都在于确保其他6大驱动因素能驱动团队保持高效。

**第三，每个驱动因素都可以直接影响绩效、质量和创新等重要成果**。一般来说，成功会带来积极的态度。当一个团队有效地执行任务并实现其目标时，往往会强化成员积极的态度。

本书分为3个部分。第一部分阐明了一个总体背景。在这一部分中，你会发现团队合作是企业的当务之急。这部分将帮助你做好准备，破除对团队合作的5种误解，以避免可能导致的错误决策，了解团队之间的差异及其重要性，并更深入地理解书中所描述的研究。

第二部分描述了团队合作的科学，重点介绍了每个驱动因素，并提供了大量的研究成果、相关见解，以及实践案例。这部分以实证研究为基础，通俗易懂。

如果你是团队领导者或在团队中工作，又或以某种方式为团队提供支持，那么对你来说，了解那些真正提升团队效能的因素至关重要。这些知识可以让你避免被以下情况误导：那些听起来合乎逻辑但实际上错漏百出的内容、那些易于理解但过度简化的内容、那些动听但不切实际的内容。

如果你想重点了解"我应该做什么"，那么你可以直接跳到第三部分。这一部分总结了团队合作的科学的要点，并为团队领导者、团队成员、内部或外部顾问以及高层领导者等特定角色提供了有针对性的建议。但是，请不要错过第一部分中关于团队本质的一些重要内容，以及第二部分中关于团队合作的科学的内容。

在本书的结尾，你还会发现一套工具，包括团队通用能力列表，团队复盘的技巧、心态和会议大纲，评估团队氛围的关键问题，以及 7 大驱动因素的快速诊断工具。

如果你想充分利用本书，那么请你阅读本书时以一个实际存在的团队为想象对象，可以是你所在的团队或由你领导的团队，这对你思考书中的关键知识会有很大的帮助。

Teams
That Work
目 录

推荐序　打造应对时代变化的高效能团队

陈玮
CGL 集团副董事长
CGL 管理咨询业务 CEO
北大汇丰商学院管理实践教授

前　言　什么样的团队能成事

## 第一部分　高效合作是团队成事的关键

**01　破除对团队合作的 5 种误解**　　　　　　　　003
　　误解 1，专注于团队合作会分散注意力　　　　009
　　误解 2，团队成员和谐共处是提高团队
　　　　　效能的先决条件　　　　　　　　　　　010
　　误解 3，团队合作与个人表现相冲突　　　　　011
　　误解 4，团队合作能够弥补严重的人才短缺　　013
　　误解 5，团队合作是万能的解决之道　　　　　013

| 02 | **衡量团队成效的 5 大标尺** | 017 |
|---|---|---|
| | 依存度标尺：从独立到相互依存 | 020 |
| | 成员稳定性标尺：从稳态到动态 | 026 |
| | 任务一致性标尺：从一致到不可预测 | 028 |
| | 邻近性标尺：从同地聚集到分散各地 | 029 |
| | 相似性标尺：从类似到独特的技能或视角 | 030 |

## 第二部分　成事团队的 7 大驱动因素

| 03 | **驱动因素 1，能力，精心配置实现优势互补** | 037 |
|---|---|---|
| | 以任务为导向，关注团队所需的能力 | 040 |
| | 以合作为导向，促进信任与合作 | 045 |
| | 精心组合，确保团队能力的搭配均衡 | 056 |

| 04 | **驱动因素 2，协作，在团队内建立信任与凝聚力** | 061 |
|---|---|---|
| | 建立信任，改善成员对彼此的看法和态度 | 065 |
| | 提升心理安全感，让成员敢于直言不讳 | 072 |
| | 提升集体效能，强化团队共同的信念 | 079 |
| | 加强凝聚力，跨越团队中潜在的鸿沟 | 084 |

| 05 | **驱动因素 3，协调，让团队灵活不死板** | 091 |
|---|---|---|
| | 相互审视，加强对团队内外的集体理解 | 096 |
| | 提供补位或支持，让协调更高效 | 099 |

强化适应力，确保团队灵活性 104
　　管理团队中的情绪和冲突，时刻把握团队
　　动向 109

06　驱动因素 4，沟通，质量比频次更重要 117
　　明确语境，确保高质量沟通 123
　　克服高质量沟通的障碍和挑战 128

07　驱动因素 5，认知，确保团队成员步调一致 137
　　共享认知提高团队效能 141
　　共享认知的 8 个方面 143
　　共享认知与要素的相互促动 148
　　构建共享认知的 10 种方法 153

08　驱动因素 6，氛围，鼓励什么就会得到什么 159
　　善用氛围的力量 164
　　认识反映组织氛围的信号 166
　　激发团队内部的合作氛围 173
　　在更大的文化背景下促进团队合作 175

09　驱动因素 7，教练，搭建团队与任务间的桥梁 181
　　始终如一，贯彻关键的领导职能 185
　　互相赋能，与其他驱动力相互促动 188
　　取其精髓，掌握经过实践验证的领导力方式 189

## 第三部分　打造一支能成事的团队

**10　善用决定团队效能的 7 大驱动因素**　207
　　投入实践，激发团队绩效、弹性和活力　209
　　科学驱动，让团队卓尔不群　209

**11　发挥每种角色的作用，将团队效能提升到极致**　219
　　掌握团队合作的科学，做能成事的团队领导者　220
　　说到就做到，做能成事的团队成员　225
　　发现真正的问题，做能成事的团队顾问　231
　　让整个组织力出一孔，做能成事的高层领导者　236

附录 1　团队通用能力列表　243
附录 2　团队复盘的技巧、心态和会议大纲　249
附录 3　评估团队氛围的关键问题　255
附录 4　7 大驱动因素的快速诊断工具　261

# TEAMS THAT WORK

## The Seven Drivers of Team Effectiveness

第一部分

# 高效合作是团队成事的关键

# TEAMS THAT WORK

## 01

破除对团队合作的 5 种误解

The Seven Drivers of
Team Effectiveness

## 能成事的团队
## Teams That Work

2015年9月7日，一个阳光明媚的下午，波士顿红袜队在历史悠久的芬威球场迎战费城费城人队。第四局上半场，红袜队以6∶1领先，红袜队新秀投手爱德华多·罗德里格斯（Eduardo Rodriguez）在本垒外侧向费城人队一垒手达林·拉夫（Darin Ruf）扔出了一个快速球。拉夫挥棒猛击，棒球随后以超过每小时160千米的速度飞向芬威球场右场的最深处。那里是一个被称为三角区的棘手区域，候补队员区的墙延伸到了球场上。而就在拉夫击出球后的瞬间，红袜队的中外野手穆奇·贝兹（Mookie Betts）突然起跑，在4.3秒内加速到每小时30千米以上，并伸手越过墙缘，在最后一刻接住了在空中飞行的球，救援成功。红袜队的解说员唐·奥西洛（Don Orsillo）和杰里·雷米（Jerry Remy）将贝兹的表现形容为一次卓越的个人表现，展现出巨大的勇气和高超的技巧。

尽管贝兹的行为看起来只是一次精彩的个人表现，但仔细研究可以发现，这场比赛实际上是一系列团队合作行为的最佳体现。这种情况在职场中也非常常见。我们应该重视团队合作，因为大多数商业的成功都需要不同人员进行有效的合作，哪怕这些成功乍看之下仅仅是个人的卓越表现。

或许，你喜欢在团队中工作，就像美国商业调研与分析公司（Corporate Executive Board，CEB）的调查结果显示的那样。该公司曾对2.3万名员工进行了一项调查，发现大多数人都希望工作时能与他人合作，哪怕过程中障碍重重。但是，无论你是喜欢还是害怕团队合作，你在职业生涯中都会加入许多团队，有时还可能担任团队领导者。也许你会同时参与多个团队的工作；也许你既是一个部门的成员，又是一个项目团队的领导者。未来，你也很可能会更频繁地为团队工作并参与团队合作。

现在，组织正变得越来越扁平化和矩阵化，管理层级越来越少。这种类型的组织设计更加需要团队合作。在 CEB 的调查中，超过 2/3 的受访者表示自己所在组织对团队合作的需求正在增加。在《哈佛商业评论》的一篇被广泛引用的文章中，罗布·克罗斯（Rob Cross）、瑞伯·瑞伯尔（Reb Rebele）、亚当·格兰特（Adam Grant）指出，人们花在团队合作上的时间比过去增加了至少 50%！德勤公司对来自 130 多个国家或地区的 7 000 多家公司进行了一项研究，其中的公司领导者们纷纷表示，未来在组织设计上，他们将更频繁地采用基于团队的组织结构。简单地说，在组织中，个人单打独斗的机会将越来越少。

公司经常组建和解散跨职能团队、项目团队，甚至虚拟团队等工作团队。许多这样的团队正处于水深火热之中：

- 利亚妮·戴维（Liane Davey）在其著作《先人一步》（*You First*）中指出，虽然超过 90% 的员工认为团队对组织的成功至关重要，但只有不到 25% 的员工认为自己所在的团队非常高效。
- 记者波·布朗森（Po Bronson）报道，超过 60% 的软件项目团队交付进度落后，其中将近一半的项目超出预算。
- 商业情报公司 CB Insights 收集的一系列案例分析结果显示，近 50% 的创业失败可归因于团队相关的问题，其中部分是由于领导者团队的构成存在问题，部分是由于团队合作存在问题。

- 医学研究机构的一项研究表明，团队合作失败是医院出现安全问题的 3 大主要原因之一。
- 德勤公司研究报告显示，只有不到 25% 的高层领导者对自己组建跨职能团队的能力充满信心。

团队合作能够给组织带来很大的好处，但要做好并不容易。每一次美好的团队合作经历都会让人渴望在未来加入团队，而糟糕的经历正好相反。糟糕的经历甚至会让人不再愿意承担其他的团队任务。还记得在学校时老师布置的小组作业吗？所有小组成员最终都将获得一样的成绩。那个游手好闲、从不参加任何小组讨论的同学会得到和你一样的成绩。老师可能会要求你们好好合作，却没有给你们提供任何与合作相关的建议或培训。如果你的小组得了 C，你会因为其他不努力的成员影响了自己的成绩而感到生气；如果你的小组得了 A+，你可能会因某些游手好闲的成员也得到了这个成绩而感到不满。糟糕的经历会让你对团队合作感到失望。当你毕业后找到一份工作时，新老板对你说"这是你的工位"，然后给你分配了一个团队任务，这会激发你多少热情呢？你可能很难以最好的状态加入团队。

美国管理专业研究生入学委员会（Graduate Management Admission Council, GMAC）的一项调查显示，不到 15% 的美国学生喜欢在团队环境中学习（大约 20% 的中国学生喜欢这种方式，虽然比例高一些，但对一个更加注重集体的社会来说，这个比例仍然过于低了）。学生不喜欢在团队中学习，可能是因为他们缺乏准备和正确的意识，不能很好地合作。斯科特·坦嫩鲍姆和同事埃里克·埃迪（Erik Eddy）、约翰·马蒂厄（John Mathieu）帮助锡耶纳大学商学院的学生团队提升了他们的团队合作能力，结果学生团队不仅提升了成绩，还对团队合作更感兴趣，并为加入团队做好了准备。可见，积极的团队合作经历会帮助团队成员形成积极的态度。

在学校里，最糟糕的情况无非成绩不佳，但在工作场所，一个陷入困境的团队可能会给整个企业带来麻烦。而这两种情况都会对个人产生不利影响。为什么人们在一个糟糕的团队中会产生挫败感呢？心理学家埃丽卡·布斯比（Erica Boothby）和她的同事研究证明，与他人分享体验会放大体验的强度。好事会让人感觉更好，坏事会让人感觉更糟。与人分享巧克力会比一个人独自品尝时味道更好。同样，团队的失败或成功都会被放大。无论好坏，我们对团队经历的反应都会更加强烈。

关于如何使团队成功的观点很多，其中有些是有根据的，但大多数纯粹是猜测。如果你在多个团队中工作过，那么你肯定会得出一些关于团队合作的理论或观点。以下是我们收集到的一些观点，我们对每一个观点都进行了命名：

- 彼此喜欢理论：团队成员在工作之余一起共度时光，并学会如何相处，真的很重要。
- 开放性理论：关键是要说出来，你不能隐瞒任何事，否则团队就不会进步。
- 魔法理论：这一切都与化学反应有关，你很快就能知道团队是否合作良好。
- 干扰最小化理论：如果让我一个人做，我会把它做好。
- 强势领导理论：领导者需要强硬，为团队确定方向，并让每个成员都负起责任。

以上这些观点有没有引起你的共鸣呢？它们是不是都正确呢？正如前文提到的，关于团队合作的研究越来越多，这些研究可以为我们提供信息，并帮助我们超越直觉，获得科学的建议。心理学家、神经科学家、行为经济学家、社会学家和人因学家一直在对团队进行各种研究。这些研究成果可以指导我们的行动，帮助我们避免那些听起来很高明但实际上不能真正提高团队效能的事情。团队合作的科学正在兴起，尽管它还在发展中，并不完美，但至少我们已经对它有了很多了解。例如，我们知道上述观点并不正确。

即使是高效能团队，也并不是一开始就表现出色。这些团队的成员会从经验中学习，并做出明智的调整，会随着时间的推移而自我纠正。后文提及的许多研究表明，团队适应能力有助于提高团队绩效。了解真正提高团队绩效的因素，可以让你和你的团队做出明智的调整，帮助你成为更高效的团队领导者和更高效的团队成员。

我们在描述这些研究时，有时会提到元分析。事实上，本书中提到了超过35种不同的元分析。

元分析是一种用定量方式整合以往研究结果的统计方法。你可以将它看作对各个研究结果的加权平均。元分析还揭示了各个研究结论之间的一致性和不一致性，以及不一致的原因。因为元分析是基于多项研究的，所以它不会过于依赖任何单一的研究结果。此外，虽然元分析不能消除主观性，但它可以减少主观性。元分析无法做到完美，比如，一项元分析是否有效取决于它的研究主体。尽管如此，当我们能够基于可靠的元分析提出建议时，我们通常会更有信心。目前，元分析在医学、心理学等许多领域得到了广泛应用，很多研究人员对团队效能的各方面进行了元分析，这显示出团队效能研究的深度和成熟度。

在探索相关元分析证据之前，让我们先破除对团队合作的5种误解。

## 误解 1，专注于团队合作会分散注意力

"我们要做生意，没时间进行团队合作。"这是和我们共事过的一位领导者说过的话。他当时的观点是，团队合作主要是愉快地聊天，与工作没有真正的关系。对他来说，任何花在团队合作上的时间都是没有意义的，他认为团队合作就是办一次团队聚会，大家一起吃吃饭，仅此而已。他的团队仍在艰难前行，哪有时间聚会呢？显然，他只有在认识到团队合作与更好地完成工作有紧密关联时，才会重视促进团队合作。

这位领导的误解在于，他认为，专注于团队合作会分散注意力。然而，大量证据表明，团队合作可以提高绩效：

- 杰弗里·勒平（Jeffery LePine）及其同事对 130 项团队研究的结果进行了元分析。结果显示，展现出更好合作过程的团队，成功的可能性高出 20%～25%。
- 萨拉斯及其同事的一项关于 2 650 个团队研究的元分析，以及一项研究医疗保健团队培训的元分析显示，团队培训使在职员工的绩效平均提高了 7%。当团队成员学会如何作为一个团队工作时，他们会表现得更好。
- CEB 的一份研究报告显示，与那些仅强调个人成就的组织相比，重视团队合作的组织年收入增幅要高出 5%。

著名的生物学家和昆虫学家爱德华·威尔逊（Edward Wilson）致力于研究蚂蚁，他认为，虽然自私的个体可能会打败利他的个体，但合作的群体更有可能战胜自私的群体。他在《社会性征服地球》（*The Social Conquest of*

*Earth*）[1]一书中表示，合作可能是群体进化（类似于个体进化）的结果。在人类演化过程中，合作的群体获得了胜利。昆虫世界也是如此，合作的昆虫群体在自然界中明显占据优势。

我们不能说人类的合作就是群体进化出来的功能，或者人类天生就喜欢合作。但根据这项研究，我们完全可以认为，当人们需要一起工作时，将注意力集中在团队合作上是有意义的，这不但不会分散注意力，还是一种战略优势。

综上所述，可以确定一个事实：团队合作能够提高绩效。

## 误解 2，团队成员和谐共处是提高团队效能的先决条件

大多数人会认为，与喜欢的人一起工作肯定比与不喜欢的人一起工作更愉快，也更容易提高团队效能。但是，这是一种误解，因为喜欢你所在团队的成员并不是提高团队效能的先决条件，重要的是你们如何合作。例如，著名的团队研究专家理查德·哈克曼（Richard Hackman）[2]就发现，"脾气暴躁"的管弦乐队通常表现得更好。如果团队成员对他们的合作方式有清晰的理解和一致的看法，那么即使他们看起来并不是很好的朋友，也能取得成功。

与误解 2 相关的一个团队建设陷阱是，仅仅在工作之余花些时间聚在一

---

[1] 这本书中探索了真社会性的起源，揭示了人类成为地球主要力量的进化逻辑。其中文简体字版已由湛庐引进、浙江教育出版社于 2023 年出版。——编者注

[2] 理查德·哈克曼是哈佛大学社会和组织心理学教授，其经典著作《真高管》《真团队》中文简体字版已由湛庐引进、浙江教育出版社于 2024 年出版。——编者注

起，就一定会提高团队效能。谷歌公司内部有大量团队，其中有些团队表现尤为突出，公司高层领导者认为找出其原因非常重要。一些团队认为自己是数据研究方面的专家，于是他们对公司团队进行了为期两年的数据研究，并称之为"亚里士多德项目"。他们在研究中提出了一个假设：在最佳团队中，团队成员会花更多的时间在一起。然而，他们并没有发现支持这一假设的相关证据。

在大多数情况下，团队聚会并没有什么坏处，但如果你的团队面临的是角色模糊、优先事项认知混乱或人才不足等相关问题，那么请不要指望通过一次美好的聚餐或周末社交活动来解决它们。你可以和团队成员一起去吃晚餐，一起经历一些有趣的事，但请不要抱着不切实际的期待，这样做并不能解决重大的团队效能问题。

此外，团队中存在一些不和谐因素也并不总是坏事，避免冲突并不是问题的解决之道。稍后我们将看到，面对冲突，团队是如何以正确的方式处理问题的。一味追求团队和谐可能会导致团队成员之间过于和睦，从而阻碍他们坦诚自己的担忧，以及在需要时做出必要的调整。

综上所述，可以确定一个事实：团队成员和谐共处并没有什么坏处，但这并不是提高团队效能的先决条件。

## 误解 3，团队合作与个人表现相冲突

大多数的人会认为，团队成员要么为自己着想，要么为团队考虑，但无法两者兼顾。这完全是一种误解。非此即彼是很刻板的思维，我们需要更加辩证地思考这个问题。你可以继续提升自己的能力，追求个人的卓越表现，

同时也可以关心你的团队，帮助团队成员获得成功。

人们往往还会认为，一个人被视为"明星员工"，应该会促进自己事业的发展。然而时代在不断变化，许多组织对自负的"明星员工"的容忍度越来越低。大多数组织都希望员工兼具个人能力和团队合作精神。NASA不再寻找"对的员工"或个人超级英雄，他们希望宇航员既具备优秀的个人素质，也有良好的团队合作精神，能与他人很好地合作，并能帮助周围人有所提升。大多数公司都承认，团队合作是一项至关重要的能力。因此，一个人仅有个人能力是不够的，还需要有团队精神。

迈克尔·乔丹是历史上最伟大的篮球运动员之一。在他的职业生涯早期，个人得分数据十分出彩，但他所在的球队却输了。直到他开始帮助团队成员进步，公牛队才开始赢得总冠军。

个人能力和团队合作取向之间似乎没有相关性。克罗斯和他的同事指出，大约50%的优秀合作者也是优秀执行者。这意味着成为优秀合作者并不一定就会成为优秀执行者。只有在不忽视自己个人任务安排的情况下重视团队合作，两者才有可能是画等号的。内森·帕德萨科夫（Nathan Podsakoff）对160多项研究进行的元分析显示，员工在工作场所表现出更多的互助和支持行为（他们称之为"组织公民行为"），通常会得到更高的绩效评价，也更有可能受到老板赏识并获得奖励。你既可以是一名优秀的个人贡献者，也可以是一名优秀的团队成员，这两者都可以促进你的职业生涯发展。

综上所述，可以确定一个事实：你既可以是一个团队合作者，也可以是一个优秀的个人，并且应该努力做到两者合一。

## 误解 4，团队合作能够弥补严重的人才短缺

1976 年，电影《少棒闯天下》(The Bad News Bears)讲述了一支青年棒球队的故事，这支球队的大部分队员没有天赋并且性格不合群。尽管缺乏天赋，但他们以某种方式团结在一起，齐心协力，最终取得了胜利。这个故事既有趣又令人振奋，但听起来却不太真实。毕竟在现实世界中，人才缺口如此之大的体育团队和商业团队几乎不可能取得成功。人们往往会认为团队合作能够弥补严重的人才短缺，然而，团队成员的能力和相关技能非常重要，团队合作无法弥补人才的严重短缺。例如，如果团队成员不能做好自己的工作，那么加强团队合作并不能解决团队问题。团队合作可以让团队绩效获得巨大的提升，但团队也需要足够的具有相应专业技能的人才。

人才、团队合作和绩效之间的关系实际上有点复杂，简单地引入"明星员工"并不总是能提升团队绩效。除非你从事的是那些不需要协调的工作，否则个人的优秀是远远不够的。个人才能固然重要，但团队合作也同样重要。

**综上所述，可以确定一个事实：团队成员的能力很重要。** 仅仅通过团队合作来克服人才短缺的问题是很困难的，甚至是不可能的，有时需要补充新的团队成员。

## 误解 5，团队合作是万能的解决之道

许多人坚信团队合作的力量，认为团队合作是万能的，所有工作都应该由团队来完成。事实上，将一些本应由个人完成的任务分配给委员会和任务小组来处理，反而会造成糟糕的后果。团队合作并不总是问题的解决之道，如果应用不当，团队合作可能会抑制创新，导致社会惰怠效应、工

作拖拉和低效。

我们并不主张组建更多的团队。如果没有考虑清楚团队合作是否为正确的解决方案，就不要组建团队。当要求一个团队去做一些更适合由个人完成的事情时，合作过程可能会很糟糕，结果可能也不理想，人们还会因此误以为团队合作没产生什么作用。实际上，团队只有在合理部署的情况下才能发挥作用。

因此，要明智地判断是否真的需要一个团队。团队成立后，我们可以使用关键驱动因素来确保团队发挥应有的作用。

**综上所述，可以确定一个事实：有些工作适合由个人或松散的组合来完成，而不适合由正式的团队来完成。**

本书中分享了团队合作的科学的研究结果，以及其中一些原理的实践示例。虽然这些研究揭示了一些关于团队合作的普遍事实，但团队合作过于复杂，几个简单的事实是无法全部概括的。书中的某些建议只适用于某些类型的团队，并不适用于所有类型的团队。因此，在探索团队合作的 7 大驱动因素之前，我们先用浅显易懂的方式来探讨团队之间存在的差异。

最后，让我们回顾一下贝兹和红袜队的故事。贝兹在中场呈现了一场精彩的个人表演，这与提高团队效能的 7 大驱动因素有什么关系呢？

**能力。**毫无疑问，贝兹具备赢得这场比赛的技术和能力。他是一名天赋异禀的运动员，惊人的速度和手眼协调能力让他足以胜任自己的角色。2018 年，他被评为联盟最有价值球员。他还完成了 7 次完美的投球，并能在 2 分钟内拼好魔方。

**协作**。红袜队曾有3名年轻且有天赋的外野手，分别是：贝兹、鲁斯尼·卡斯蒂略（Rusney Castillo）和小杰基-布拉德利（Jackie Bradley Jr.）。尽管他们都认为自己有能力成为中外野手（大概所有球员都想打那个位置），但每个人在训练中都与另外两人互相支持、互相帮助，共同进步，一起成为更出色的球员，哪怕这可能导致自己没法被选为中外野手。他们没有耿耿于怀或抱怨，而是表现出了坚实的团队精神。

**协调**。拉夫击出球时，除了贝兹，卡斯蒂略也在左外野快速跑动，以便在贝兹未能接到球，且球触墙反弹后，自己能出现在恰当的位置上，为贝兹提供后援。这让贝兹可以心无旁骛，全速跑动，不用担心接不到球会有什么后果。顺便说一句，在这场比赛之前，卡斯蒂略过往的棒球生涯中只打过5次左外野，但他表现出了完美的特定位置替补行为！

**沟通**。卡斯蒂略并不是唯一一个帮助贝兹完成出色表现的队友，右外野手布拉德利也帮了大忙。当球被击出时，他跑向中场，这时贝兹的眼睛正向上紧盯着球，布拉德利大声喊出了贝兹与墙的距离，这让贝兹知道自己离墙是6米还是1.5米远，从而可以安全地高速跑动。早些时候，贝兹在一场类似的比赛中受过伤，如果没有得知自己距离墙有多远，他可能会变得紧张，并放慢速度以避免撞到墙。

**认知**。关于在某些情况下该做什么，优秀的外野手都有一个共享的"如果－那么"心智模式。这3名外野手都知道，"如果"球在右侧外野空档被击中，"那么"每个人都需要发挥特定的作用。布拉德利提到，起初他和贝兹都处于进攻点，然后他很快意识到贝兹的角度最好，此时3名外野手对情况有了共同的认知，并基于这种认知做出了同步反应。

**氛围**。红袜队把团队合作文化作为常态，但他们一开始并不是这样做的。曾经有一段时间，红袜队被认为只是一群打球的人，而不是一个团队。"25名球员，25辆出租车"这句话的意思是：每名队员在比赛结束后（有时甚至是在比赛期间）都各走各的路。当前任球队经理巴比·瓦伦泰（Bobby Valentine）在媒体面前而不是私下批评一名球员时（这样做往往会破坏团队成员的心理安全感），另一名球员说道："这不是我们处理事情的方式。"当时的氛围不利于合作。相比之下，贝兹的出色表现是团队共同努力的结果，在一定程度上是由于球队期望作为一个团队整体来参加比赛。

**教练**。3名外野手的共同认知并不是偶然产生的。事实上，卡斯蒂略打左外野的经验少得可怜。幸运的是，红袜队的外野手教练亚尼·贝耶勒（Arnie Beyeler）一直在指导这些外野手如何处理某些情况，包括这种特殊情况。贝耶勒表示："对我来说，这些都是我们应该关注的事情，球员们作为一个团队，应该做到策应垒位、相互补位、拦接球、深角度移动、持球上垒。"在教练的指导下，这些外野手做好了准备，以协调一致地进行比赛。

我们可以了解到一个重要事实：在大多数个人卓越表现的背后，是不易察觉的团队合作。

# TEAMS THAT WORK

## 02

衡量团队成效的 5 大标尺

The Seven Drivers of
Team Effectiveness

让我们来看看你可能熟悉的两类团队，即高层领导团队和生产制造团队。高层领导团队成员需要定期聚在一起，以明确公司的发展方向，做出战略资源的分配决策，评估进度，并确保跨部门的充分协同。团队成员平时并不会在一起工作，也不太需要依赖彼此来完成日常工作。事实上，高层领导团队成员不仅是该团队的成员，通常还是不同职能或业务部门的领导者，分别代表着这些职能或业务部门。

相比之下，生产制造团队的成员每天都在一起工作，并有着明确的角色分工，以确保他们的工作产量、质量和生产安全水平能达到要求。团队成员需要并肩作战，彼此依存以完成工作和实现目标。

在这两类团队中，影响团队效能的驱动因素是相同的吗？答案既是肯定的，又是否定的。肯定的是，影响两类团队效能的 7 大驱动因素是相同的；否定的是，这 7 大驱动因素的表现方式千差万别。

例如，在沟通方面，虽然这两类团队都需要沟通，但实现沟通的关键却截然不同。如果高层领导团队开会并做出集体决定，然后首席财务官和首席营销官却将相互矛盾的信息传达给员工，那么会产生什么后果呢？如果高层领导团队成员传达的信息与团队达成的决策不一致，就会在公司内部造成混乱并加剧派系之争。由此，公司员工之间不可避免地会产生"我们"与"他们"的对立问题，这种对立关系又会影响高层领导团队，进而降低成员间的信任度，使高层领导团队内部出现分裂，并对随后的团队决策产生不利影响。在高效能的高层领导团队中，成员会就优先事项达成一致，并对外传达基本一致的信息。请注意，我们说的是"基本一致"而不是"完全一致"，因为高层领导团队的成员也会有自己的考量。

相比之下，生产制造团队需要向外部人员传达一致信息的情况较少。团队成员每天都在一起工作，相互依存，因此团队内部清晰、一致的沟通至关重要。当生产制造团队的成员与团队外部的人员进行沟通时，他们的沟通重点是与下一个班次的人分享信息，例如，自己遇到了哪些设备问题。外部沟通通常由每个班次的指定成员完成，他们充当团队的沟通渠道，而不像高层领导团队那样，所有成员都负责对外传达一致的信息。总的来说，沟通对这两种类型的团队都很重要，只是方式不同，因为团队的工作方式大不相同。

我们将分享一些适用于所有团队合作的普遍法则，但实际上团队和团队合作的情况往往更加复杂。

不同团队在很多方面都存在差异，其中有些方面的差异尤为重要。团队之间最重大的差异可能是团队成员之间的依存度。相关研究结果表明，成员工作相对独立的团队与成员之间依存度高的团队是完全不同的。为了更好地解释团队合作的科学性，接下来我们将详细讨论团队在依存度方面的差异。

我们可以将团队在5个方面的差异都看作可滑动的标尺。当我们描述依存度、成员稳定性、任务一致性、邻近性和相似性时，希望你分别思考一下"我的团队目前处于标尺的哪个位置"。

## 依存度标尺：从独立到相互依存

关于依存度，其关键问题是：团队成员必须在多大程度上相互依存，并与其他团队成员协调以完成工作？如果成员之间完全没有相互依存关系，那么这个群体就不是一个团队，而只是一群个体的集合。团队成员之间相互依存的程度可以从独立（低依存度）到相互依存（高依存度）（见图 2-1）。

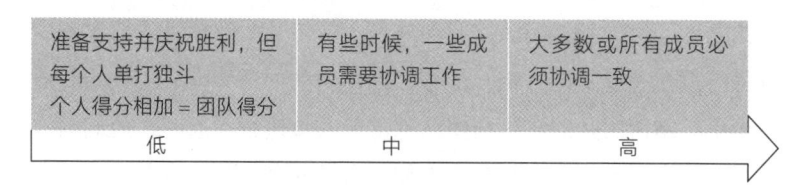

| 准备支持并庆祝胜利，但每个人单打独斗<br>个人得分相加＝团队得分 | 有些时候，一些成员需要协调工作 | 大多数或所有成员必须协调一致 |
| --- | --- | --- |
| 低 | 中 | 高 |

图 2-1　依存度标尺

当依存度较低时，团队成员可能会帮助其他成员做好准备，互相"加油"，但他们会独立开展工作，因为其他团队成员通常无法为其提供帮助。很多销售团队的运作方式就处于依存度标尺靠左的一端。

我们合作过的一个区域销售团队就充分体现了低依存度团队的运作方式。虽然团队成员会一起参加培训、定期会面、交流最新情况、分享经验，但每名成员的大部分时间都花在各自负责区域的工作中。团队成员开展销售工作时只能靠自己。如果你问任何一名团队成员"这段时间你的销售额是多少"，那么他可以清楚地告诉你具体数字，甚至能精确到小数，但可能无法告诉你自己所在团队的总销售额。团队考评的方式也很能说明问题，公司通过将每个团队成员所在区域的销售额相加来确定区域销售团队业绩是否达标。这是一个典型的低依存度团队的案例。

在依存度标尺上从左向右移动时，团队中的有些成员在某些时候必须与其他团队成员协调，但并非每个人都需要定期协调。在特定时间点或特定情况下，团队成员可能需要相互依存。在处于标尺中间位置的团队中，一些成员的工作至少在某些时段相当独立。我们将这看作一种中等或适度的依存度。在依存度标尺的右侧是高依存度团队。在这类团队中，大多数甚至是全部成员会协调一致地工作，并长期相互依存，以确保个人和团队的成功。

你可能听过这样一句话："商业活动是一项团队活动。"我们曾在纽约的联合广场餐厅享用了一顿丰盛的晚餐，它的反馈卡片上写道："招待是一项团队活动。"这句话也许有点老套，但很有道理。这家餐厅属于第一批取消小费并提高价格的餐厅，这样整个餐厅的工作人员，包括服务员和厨房工作人员，就可以作为一个团队得到奖励。

在商业环境中，我们所讨论的团队运动又属于哪种类型呢？了解依存度标尺的一个有效方法是：思考你的团队与哪一个运动队最为相似（见图2-2）。

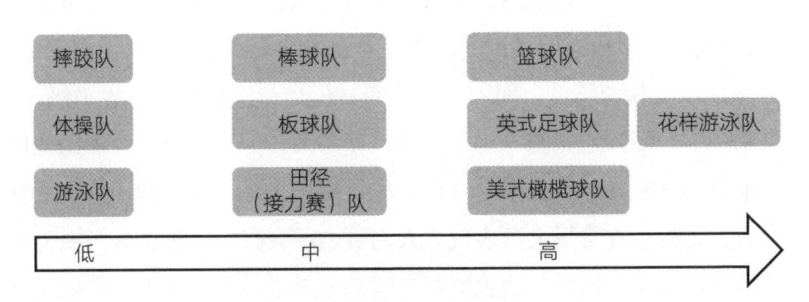

| 低 | 中 | 高 |
|---|---|---|
| 摔跤队 | 棒球队 | 篮球队 |
| 体操队 | 板球队 | 英式足球队　花样游泳队 |
| 游泳队 | 田径（接力赛）队 | 美式橄榄球队 |

图2-2　不同运动队在依存度标尺上的位置

**低依存度**

在图2-2中，处于依存度标尺左端的是摔跤队、体操队和游泳队等运动队。如果我们属于同一个摔跤队，你在练习时可以协助我，但当我上场比赛时，我只能依靠自己的力量。在摔跤队里，没人能在我上场比赛时帮助我，我的队友只能为我加油。让我们来看看美国艾奥瓦州立大学和宾夕法尼亚州立大学的一场摔跤比赛。比赛是如何确定获胜的队伍呢？具体而言，每场比赛的获胜者可以得到3～6分，这取决于参赛者是击倒对方还是以判罚获胜。在所有的个人比赛结束后，只需将每位选手的分数相加就可以得到团队的分数，得分最高的团队获胜。这听起来与前面提到的区域销售团队颇为相似。

需要明确一点，低依存度团队仍然是一个团队。以高尔夫为例，这看似是一项个人运动，在场上，没有人能替你打出高难度的球，没有人可以传球给你，甚至没有人防守！然而，高尔夫球运动也有一些与团队相关的因素。乔丹·斯皮思（Jordan Spieth）是世界顶级高尔夫球手之一，他在高尔夫4大锦标赛中摘得了3项桂冠，包括2017年的英国公开赛，并曾在2015年荣膺美国职业高尔夫球协会年度最佳球员。在斯皮思看来，高尔夫球运动不仅仅是一项个人运动。在一场重要的锦标赛赛前新闻发布会上，斯皮思29次使用"我们"这个词来描述自己在比赛中的表现，如"我们每年在重大锦标赛中都在进步"。斯皮思把身边的人都视为团队的一部分，包括他的经纪人、挥杆教练、球童和训练员，而团队的共同目标是帮助他成为世界顶级球员。在这个团队中，斯皮思是唯一一个上场打球的人，但其他成员会帮助他做好准备，他会和球童在球场上紧密合作。如果挥杆教练、球童和训练员意见不一致，就会影响他在赛场上的表现。人们可能不会将"斯皮思队"视为一个团队，但斯皮思会。同时，他也清楚自己是承担主要工作的人，需要对自己的赛场表现负责，因此，你可能永远不会听到他说"我们推杆推偏了"。

## 中依存度

在图2-2中，处于依存度标尺中间的是棒球队、板球队和田径（接力赛）

队。在这些队伍的比赛中，有时需要部分成员紧密协调。在这种情况下，只有两名或更多团队成员真正同步，团队才能正确执行或有效完成任务。

我们以阪神老虎队和读卖巨人队的一场比赛为例进行分析。在比赛的第三局，一名跑垒员从底部杀出，跑到一垒。这时，投手接住一个地滚球，然后转身朝向二垒，同时游击手已经跑到二垒去掩护本垒。游击手在二垒上接到球后快速传给一垒手，完成双杀。在这个过程中，如果投手投出的球脱线，或者游击手跑到二垒的时间稍有延迟，或者二垒手认为应该由他而不是游击手来接球，那么球队就不能完成双杀。球场上的9名球员中，部分球员需要密切配合。而在第四局的上半段，当游击手准备击球时，没有一个队友能支援他，此时他执行的就是一项单人任务。由此可见，棒球是一项独立表现和短暂协调相结合的运动。

这种独立表现和短暂协调的平衡在4×100米接力赛中体现得非常明显。参赛队伍由4名队员组成，每人跑100米，然后将接力棒传递给下一名队员，直到最后一名队员越过终点线。这是一项极其依靠个人表现的运动（当你跑自己那一棒时，没有人可以帮助你），但在3次交接棒的时间点需要两名队员之间顺利协调。接力棒掉落会极大迟缓比赛速度，在指定区域外传递将导致该队被取消参赛资格。从历史上看，美国队在这项赛事中往往表现出色。在1912—2008年的奥运会中，美国男子队只有一次未进入决赛。在2008年奥运会上，美国队由于接力棒掉落而被取消参赛资格，但队员们的反应令人钦佩。选手达维斯·巴顿（Darvis Patton）和泰森·盖伊（Tyson Gay）都表示："我会为此承担责任。"教练布巴·桑顿（Bubba Thornton）也表示："我会承担一切。"正如桑顿所指出的，每个运动员在他们的职业生涯中都进行过"100万次"以上的交接棒练习。但令人遗憾的是，在2008年奥运会之前，盖伊由于后腿肌腱拉伤而无法在美国进行交接棒训练。因此，尽管队员们的独立表现很好，但当盖伊和巴顿需要配合时，他们未能做好准备，结果作为一个团队，他们失败了。

## 高依存度

在图 2-2 中，处于依存度标尺右端的是英式足球队、美式橄榄球队、篮球队等。这些球队在比赛中，场上的所有队员都需要持续协调。在一场接一场的比赛中，队友之间相互需要，在很大程度上彼此依赖。在这样的团队中，成员之间的相互依存度很高。

当你观看一场足球、橄榄球或篮球比赛时，你可能会看到一些精彩的个人表演。比如，有些篮球运动员会做出杂技般的动作来躲过防守队员，然后在失去平衡的状态下，越过身高 2.13 米的中锋，扭身上篮；有些足球运动员会带球越过对方两名防守队员，然后用左脚踢出弧线球，绕过对方守门员破门。从表面上看，这些都是个人的卓越表现。篮球队或足球队的团队表现方式看起来似乎与销售团队或摔跤队并无二致，计分方面也是一名球员投篮或者破门后得分，然后简单地将每名球员的得分或进球数相加，就可以确定这支球队的总成绩。尽管得分机制相同，篮球队、足球队潜在的团队运作机制却与低依存度团队截然不同，即使是伟大的球员，也非常依赖于他的队友。在篮球比赛中，一名球员能够突破防守，通常是因为队友在最佳时机提供了完美的掩护；而他没有被对手夹击，是因为负责防守的队友吸引了对手的注意力。在足球比赛中，即使是一名出色的射手，也需要队友将球传给他，才有机会射门。当然，在比赛中也存在一些纯粹的出色的个人表现，但这类行为很少真的像看上去那样独立。球王贝利也许是有史以来最伟大的足球运动员，他说过："没有人能凭一己之力赢得比赛。"

团队成员间的协调有时是可以提前规划的。例如，橄榄球队的战术手册里全是战术图表，不仅规定了谁应当处于哪个位置，通常还规定了第二种和第三种方案。每个球员都必须了解战术，因为如果"我"觉得"我们"应该持球前进，而"你"认为"我们"应该传球，那么事情就会变得非常糟糕。而花样游泳队在这方面或许是体育运动中的终极范例了。在这项动动中，每个团队成员都必须提前知道其他成员需要到达的确切位置，因为即使是一个错误的脚趾姿势也会让团队付出高昂的代价，在这里没有即兴发挥的空间。

在其他体育项目中，团队成员间的协调则是即时进行的。例如，当冰球运动员以每小时 32 千米的速度滑行时，他们需要时刻观察队友和对方防守队员的位置，以规划传球的方向。足球队的防守队员则需要推断进攻队员的意图，并得出一致的应对方案，这样他们就能自发地协调自己的行动，造成对手越位。

实际上，大多数团队既需要提前规划协调，也需要即时协调。但即使是即时协调，通常也是建立在团队的共享认知之上的。而共享认知是团队成员通过一起不断训练和共同参加比赛形成的。无论是提前规划协调，还是即时协调，抑或是两者融合，高依存度团队都需要持续协调。

我们需要考虑团队成员之间的依存度，是因为依存度不同的团队对协调程度的要求不同。低依存度团队，有时从团队角度来看，只需要让成员之间保持礼貌，不要互相妨碍即可。在区域销售团队中，可以制定一些通用准则，比如，要求团队成员不要做"害群之马"，不要做会给所在区域内的其他销售人员带来麻烦的事情，交流时要提出建设性意见，偶尔在会议中分享一两个好主意，这些就足够了。团队领导者只需要在团队成员出现异常行为时提供个人反馈，并偶尔举办一些社交活动，让团队成员感受到彼此的存在。但对于高依存度团队来说，团队成员之间保持礼貌是远远不够的。他们需要顺畅地交接工作，了解比赛的战术安排，或是在快节奏的工作中也能协调一致。当团队的依存度越来越高时，团队合作和 7 大驱动因素将变得越来越重要。

> 💡 **能成事的领导者之思**
>
> 1. 你的团队成员需要在多大程度上独立完成工作？
> 2. 用运动队来进行类比，你的团队与摔跤队相似，还是比摔跤队更独立？
> 3. 你的团队与棒球队相似，还是比棒球队更需要协调？
> 4. 你的团队与足球队相似吗？
> 5. 你的团队在依存度标尺的哪个位置？

## 成员稳定性标尺：从稳态到动态

让我们来看一看团队之间差异的另一种表现方式，那就是团队的成员稳定性。这里要考虑的主要问题是：你的团队成员稳定性如何？团队成员的构成发生过变化吗？如果发生过，那么变化的频率和幅度有多大？

从历史上看，心理学家和其他研究人员都倾向于研究稳定的团队，其成员在整个研究过程中往往保持不变。虽然这些研究得出了一些有用的结论，但在现实的组织环境中，团队成员的构成通常更具动态性。一种常见的情况是团队成员构成会出现周期性变动。一般团队成立几个月后，某个团队成员就会被替换；某个团队成员在一段时间内无法工作，在他缺席期间团队只能在少一人的情况下运作；团队主管升职了，一名新的团队主管上任；当团队被分配新任务时，组织会临时增派一名成员来协助几个月。在一年的时间内，团队成员中有很大一部分发生了变化，这种情况并不少见。

团队成员的构成可以是有意的改变，例如，通过晋升等有计划地调动；也可以是无意的改变，例如，意料之外的人员离职。在某些团队中，成员的构成变动频繁已经成为团队的一个特质。而在其他情况下，团队成员的构成可能维持稳态。

在研究团队的成员稳定性时，团队的生命周期是一个不可忽视的考虑因素。有些团队是持续运营的，在组建之初就没有设定明确的终止日期。前面提到的高层领导团队和生产制造团队就是这类持续运营团队的代表。有些团队则是临时的，它们是为特定目的而组建的，并会在预定时间范围内解散。大多数任务小组和项目团队都是临时组建的组织，通常其生命周期为几周或几个月。前文中提到的德勤公司对 7 000 多家公司的领导者的研究表明，未来企业会更多地采用这种临时团队的形式。还有些团队的周期特别短，比如航空公司的机组人员或医院的外伤急救小组。为了服务从英国伦敦飞往中国香港的乘客或救治发生车祸的病人，他们会临时组建一个团队，并在完成任务后迅速解散。由于生命周期短，所以此类团队有时被称为"快闪团队"。

接下来，我们考虑一下 7 大驱动因素之一的认知。认知形成的关键在于团队成员对角色、优先事项和团队成员的专业技能等关键因素是否有共同理解。多项研究结果已经证明了这些关键因素的重要性。当团队成员频繁变动时，建立和维持共享认知就更加困难。如果你领导的是一个成员频繁变动的团队，或者是一个生命周期很短的团队，那么你可能需要采取的行动与领导一个稳定、持续运营的团队完全不同。

> **能成事的领导者之思**
>
> 1. 你的团队在成员稳定性标尺上处于什么位置?
> 2. 团队成员是高度稳定还是基本稳定?
> 3. 团队成员是处于基本动态变化中还是处于高度动态变化中?
> 4. 6个月前加入的新成员,还有多少仍留在团队里?
> 5. 6个月后,还会有多少新成员留下来?

## 任务一致性标尺:从一致到不可预测

关于任务一致性,要考虑的主要问题是:团队任务需求的稳定性和可预测性有多高?团队是否在一致的基础上执行相同的任务?他们能否建立并依赖稳定的日常工作流程?任务需求和期望的变化频率和幅度有多大?团队能否预测未来的任务需求?

当任务需求不变时,团队就有机会重复执行关键任务,从而获得大量从经验中学习的机会。比如,游轮上的餐饮服务人员一般执行着一系列一致性高的任务,你在游轮上很容易判断出他们在一起工作了多长时间。当游轮刚开始离岸巡航时,工作人员刚开始合作,服务质量通常很不稳定。然而随着团队成员日复一日地一起工作,他们会收到建设性反馈,然后解决各种问题,并就角色和"如果-那么"的期望建立起清晰、稳定的共享认知,这样一来服务质量通常会得到改善。

但是很多团队是在任务需求充满变化的环境中工作的，这种变化有时缓慢，有时快速。当任务需求随着时间缓慢变化时，团队可以有计划或有条不紊地进行调整。相比之下，在任务需求快速变化的环境中工作的团队，则必须具备高度的适应性和灵活性，以应对不断变化的需求和不可预测的期望。

任务需求的一致性或不可预测性的程度对许多关键驱动因素都有影响，包括团队成员必须具备的个人能力、协调规划的程度，以及形成协作中共享认知的难易程度。

> **能成事的领导者之思**
>
> 1. 你的团队的任务需求是否在一段时间内保持一致？
> 2. 团队的任务需求会随着时间的推移而缓慢变化吗？
> 3. 任务需求的变化是具有一定的规律性，还是高度不可预测的？
> 4. 你的团队在一段时间内倾向于执行相似的任务，还是倾向于执行更具动态性的任务？

## 邻近性标尺：从同地聚集到分散各地

关于邻近性，其关键问题是：团队成员是在同一个地方工作还是分散在各地？50年前，所有团队成员通常在同一地点（如制造车间）或同一座大楼（如在高层领导者办公室）中一起工作，或者至少很容易在同一个地方会面（比如，所有项目成员聚在会议室里开会）。而如今，聚在一起办公已变得不太常见，团队成员可能分布在校园内、城镇各处、全国甚至全球各地。

虽然许多技术可以将分散在不同地方的团队成员联结起来，但团队驱动因素始终会受到距离的影响。例如，教练是团队的 7 大驱动因素之一，在这里我们用它来指代领导力。在地理位置分散的团队中，领导者通常无法定期与每个人会面，因此，通常需要不同的辅导或领导方法，例如更大程度的共享领导。

> **能成事的领导者之思**
>
> 1. 你的团队在邻近性标尺上处于哪个位置？
> 2. 团队成员都在同一个地方工作，还是少部分分散各地或大部分甚至全部分散各地？

## 相似性标尺：从类似到独特的技能或视角

关于相关性，要考虑的关键问题是：团队在多大程度上是由具有类似技能的个人组成的？一个团队可以被设计为团队成员角色相似或者完全互补的模式。当团队中的所有职位都非常相似时，任务需求可能也会类似，团队成员可能也具有相似的教育背景。尽管一些团队成员可能具有更丰富的经验和更高水平的专业技能，但所有成员的工作内容和专业技能非常相似，结果就组成了一支相对同质化的团队。这方面的典型例子是精算师团队。精算师的职责是评估和管理风险与不确定性，所有团队成员都拥有相似的专业背景（他们中一般没人具有艺术史专业背景），这是他们最大的共同点。当然，这并不意味着所有的精算师都是一样的人，毕竟他们可能在不同的地方长大，拥有不同的个人兴趣，等等。但相对而言，精算师团队仍然是一个同质化程度相当高的群体。

相反，有些团队则是由具备不同技能的成员组成的。比如在跨职能团队中，团队成员为他们所负责的工作带来了不同的专业技能和视角，这基本就是跨职能团队的定义。而当一名精算师成为跨职能团队的一员时，他很可能需要和那些在能力和视角方面与他的同行截然不同的成员共事。

以我们最近协助的一个项目团队为例。该团队专注于开发和测试一种新的零售银行技术。其中，部分团队成员是银行员工，其他人则是提供技术开发的供应商。虽然他们都是技术专家，但作为客户和供应商的不同身份，也会导致他们和银行员工在视角上存在根本差异。与精算师团队相比，跨职能团队的专业技能和视角更加多样化。

由一群具有相似背景和专业技能的个人组成的团队，其成员之间可能更有共同"语言"。这种共性对团队驱动因素既可能产生积极影响，也可能产生消极影响。例如，协调作为 7 大驱动因素之一，要求团队成员表现出团队协作行为，比如支持或临时替代队友工作。在一个团队中，如果成员的角色相近，接受过类似的培训，拥有类似的专业技能，那么他们就更容易相互支持。当精算师团队中的一名成员不能到岗时，其他成员通常可以填补空缺。相比之下，在一个由财务、信息技术、人力资源和市场营销等部门的代表组成的跨职能团队中，如果财务人员无法参加会议，那么谁能从财务视角来提供支持呢？

> **能成事的领导者之思**
>
> 1. 你的团队在相似性标尺上处于什么位置?
> 2. 团队是否高度相似?
> 3. 团队成员是大部分不同,还是高度不同?

在本书中,随着我们对团队合作的科学的深入探讨,我们将提供一些普遍适用的、基于科学的建议。但我们也要强调一点,即帮助团队成功的关键在于对团队性质的正确判断。我们一定要仔细观察团队在不同标尺上所处的位置。因此,请参考表 2-1,思考一下你所在的团队的性质,并结合后续内容得出自己的答案。

表 2-1 5 种标尺

|  | 低 |  | 中 |  | 高 |
|---|---|---|---|---|---|
| 依存度 | 大部分工作独立完成<br><br>(大部分时间独立完成) | 将独立完成的工作和依赖他人完成的工作分开<br><br>(独立与依存各半) | 大部分成员必须在大部分时间内相互依存或与他人协调<br><br>(大部分时间相互依存) | | 成员始终相互依存或需要与其他成员协调<br><br>(完全相互依存) |
| 成员稳定性 | 几乎所有团队成员都保持不变<br><br>(高度稳定) | 偶尔会有人离开或加入团队<br><br>(基本稳定) | 经常有人离开或加入团队<br><br>(基本动态) | | 不断有人离开或加入团队<br><br>(高度动态) |
| 任务一致性 | 任务需求在一段时间内保持不变<br><br>(需求一致) | 任务需求随时间缓慢变化<br><br>(需求逐渐变化) | 任务需求经常变化<br><br>(需求快速变化) | | 任务需求变化迅速且不可预测<br><br>(需求不可预测) |

续表

| | 低 | 中 | | 高 |
|---|---|---|---|---|
| 邻近性 | 所有团队成员都在同一个或相距很近的地方工作（全部在同一个地方） | 大部分团队成员在同一个或相距很近的地方工作（大部分在同一个地方） | 大部分团队成员在不同的地方工作（大部分分散各地） | 所有团队成员都在不同的地方工作（全部分散各地） |
| 相似性 | 所有团队成员都处于重叠的专业领域（高度相似） | 大部分团队成员处于重叠的专业领域（大部分相似） | 大部分团队成员处于不同的专业领域（大部分不同） | 所有团队成员都处于不同的专业领域（高度不同） |

# TEAMS THAT WORK

## The Seven Drivers of Team Effectiveness

第二部分

# 成事团队的 7 大驱动因素

# TEAMS THAT WORK

**03**

驱动因素 1，能力，
精心配置实现优势互补

The Seven Drivers of
Team Effectiveness

**能成事的团队**
Teams That Work

当年，我（本书两位作者中较矮的那位）是由研究生和教授所组成的校内篮球队的一员。那时，我们赢得了前两场比赛，对自己的表现感到非常满意。我们喜欢自己的队友，尽管球队中没有明星球员，但我们很乐于传球配合，不会自高自大。我们都是不错的篮球队员，足以在赛季开始时赢得几场比赛。我们比联赛中其他球队的球员都要年长，我们的球队与那些由18～21岁的球员组成的球队的状态也截然不同。在第三场比赛的热身训练中，我们望了一眼对面即将对阵的球队。这些球员在热身训练中扣篮，不但比我们跳得高，投篮更准，而且移动速度比我们在比赛时还要快。而我们这边的一些队员正在通过抽烟来"热身"。当他们练习扣篮时，我们队中最高的球员即使在助跑的情况下都差点摸不到篮筐。正如名人堂篮球教练雷德·奥尔巴赫（Red Auerbach）所说："身高是教不出来的。"我很想跟你讲一个我们球队是如何利用丰富经验和同志情谊，经过艰苦卓绝的努力后赢得胜利的故事，但那确实只能在"故事"里发生。实际上，比赛在上半场结束时就结束了，很明显，我们缺少能与竞争对手匹敌的球员。

本书所讨论的能力，是指团队成员所具备的知识、技能、素质和其他特性，例如个性。我们谈论的不是那些可能会突然发生变化的团队成员的态度，如动机或信任，而是那些能够持续提升或降低团队效能的、稳定的能力和素质。

组建一支团队，就是将具备某些能力的人聚集在一起，并通过培训、反馈、经验传授和现场指导来进一步提高团队能力。虽然高水平的能力不能保证高的团队效能，但能力的缺乏一定会损害团队效能，而人才的严重短缺（比如，我们篮球队中都是一些个子矮且速度慢的队员）可能会导致团队失败。不过团队成员的能力对团队效能的影响并不总是线性的，能力的提高并不意味着团队效能一定会有所提升。让我们来分析一些研究成果，探讨一下能力究竟是如何影响团队效能的。

> **能成事的领导者之思**
>
> 1. 你的团队目前在能力方面的优势和局限是什么？团队的能力差距与任务相关还是与团队合作相关？
> 2. 提升团队能力是否值得尝试？如果值得，那么你应该专注于提升哪些能力？
> 3. 你会如何提升团队能力？通过培训还是改变团队成员？

为便于分析，我们将团队成员的能力分为两大类：一类是与任务相关的能力，例如使用 JavaScript 编程的能力，个人必须具备这种能力才能执行工作任务；另一类是与团队合作相关的能力，例如沟通技巧，人们需要具备这种能力才能有效地合作，并帮助其他成员在团队中表现得更好。我们先来看看与任务相关的能力。

## 以任务为导向，关注团队所需的能力

我们先从一个显而易见的事实说起：总体而言，对所要执行的任务具有更强专业能力的团队，通常会比专业能力较弱的团队表现得更好。从20世纪20年代美国学者阿尔弗雷德·詹姆斯·洛特卡（Alfred James Lotka）提出的平方反比定律，再到赫尔曼·阿吉斯（Herman Aguinis）关于卓越表现者的研究，都让我们相信，才华横溢的人可以做出巨大的贡献。而这些都充分说明了与任务相关的能力至关重要。

当然，我们无法要求每个团队都必须拥有一套具有普适性的与任务相关的能力，因为顾名思义，对这些能力的要求取决于团队需要完成的任务。比如，英特尔公司的硅片制造团队与菲多利公司的薯片制造团队执行的任务不同，所以他们需要的与任务相关的能力也不同（不过两个团队可能都需要具备质量控制的能力）。在任务一致性较高的团队中，识别和确定任务需求的能力相对容易。例如，草坪维护团队的成员需要具备割草、修剪、栽种和施肥等能力，负责与业主沟通的团队成员则需要具备客户服务能力。然而，在任务需求会发生变化或不可预测的动态环境中，例如，在许多技术团队中，预测出未来所需的与任务相关的能力可能是一件很困难的事。

事实上，不管团队的任务一致性是高，是低，还是中等，只要团队缺乏执行关键任务的能力，你就需要增加新成员或替换掉能力不足的成员，或为团队成员提供额外的培训，或在条件允许的情况下，调整任务以适应团队的能力。

团队在关键任务能力上的显著不足确实是个问题，具备更高水平的与任务相关的能力的团队，通常会有更好的绩效表现。同时，研究也揭示了一些不太明显，甚至有些自相矛盾的现象，那就是你不可能只是通过增加更多的人才或引进某个业内"明星员工"来提升团队绩效。实际上，研究已经表明，问题可能就在于团队中"明星员工"过多。

一组来自法国、美国和荷兰的研究人员探讨了这样一个课题：团队中"明星员工"过多是否会带来问题。这项研究由全球知名的欧洲工商管理学院的组织行为学教授罗德里克·斯瓦伯（Roderick Swaab）领导，他们提出了"人才过剩"假说。该假说基于这样一种假设：如果一个团队中有太多具有主导地位的个体，可能会导致功能失调性的竞争和对团队地位的争夺。这些相互竞争的"明星员工"过度关注自己在团队中的地位，从而损害了团队利益。研究人员认为，人才过剩的团队会存在更多不健康的冲突，在某些情况下，团队成员甚至会公然破坏彼此的关系。

动物界也存在类似的现象。比如，当一个鸡群中有太多优秀的高产鸡时，总产蛋量反而会下降。这是为什么呢？正是由于激烈的冲突。充当领头羊的鸡会试图啄死对手，并且有时它们真能啄死对手。这是竞争激烈的"啄食顺序"如何损害团队绩效的一个真实案例！但是人类和鸡会一样吗？

在进行该项研究之前，斯瓦伯和他的团队指出，团队成员之间相互依存的程度是理解人才过剩现象的关键。他们认为，当团队成员相当独立或只是松散地相互依存时，增加人才应该会提升团队绩效。相反，当团队成员只有相互依存和相互协调才能产生成果时，团队"明星员工"的数量可能存在一个阈值，一旦超过这个值，增加"明星员工"将会严重破坏团队合作，从而抵消"明星员工"的潜在价值。于是他们提出假设：当顶尖人才超过阈值时，团队绩效就会下降。

研究人员对人才过剩假说进行了一系列研究。首先，他们询问了人们对人才与绩效之间关系的看法。结果发现，普通大众认为人才水平和团队绩效之间存在线性关系，也就是一个团队中的人才越多越好。

接下来，研究人员希望通过实证来检验人才过剩假说。为此，他们分析了获得国际足协世界排名的美国国家队的数据、NBA各个球队连续10年的比赛数据、美国职业棒球大联盟30支棒球队连续10年的比赛数据。他们还确定了每支球队中精英球员的比例，并将这个比例与球队的胜率进行了比较。研究人员之所以选择这些球队进行分析，是因为足球队和篮球队属于高依存度团队的一端，球队的表现高度依赖于团队合作。相比之下，棒球队的团队依存度不高。因此，研究人员预测，人才过剩效应会出现在足球队和篮球队中，但不会出现在棒球队中。

他们的研究有何发现呢？正如人们所预料的那样，在足球队和篮球队中，人才与球队表现之间的关系是积极且显著的。然而，这种相关性存在一个拐点，超过这个拐点，球队表现就会趋于平缓（不能从额外增加的人才中获得预期战绩），并最终下降（球队战绩随着额外的人才增加而下降）。在足球和篮球运动中，明星球员最多的球队往往比球员水平高低混合的球队战绩要差。这个明显的拐点是明星球员的比例达到大约60%，一旦超过这个拐点，额外增加的明星球员不仅对球队没有帮助，还可能产生不利影响。

棒球队的情况如何呢？棒球比赛有一半时间是球员的个人表现（主要是击球环节），几乎没有9名球员需要同时协调的情况。研究发现，棒球队没有出现类似的拐点，明星球员和球队表现之间的关系一直是正向的，并没有因为增加一个明星球员而出现球队战绩明显下降的情况。

总的来说，这项研究表明，尽管个人能力很重要，团队成员缺乏与任务相关的能力可能会毁掉一个团队，但也不能只是通过增加更多的"明星员工"来提升团队效能。重要的是要记住，能力只是7大驱动因素之一，它与其他6大驱动因素相互作用，共同决定团队效能。达特茅斯学院管理学教授玛格丽特·彼得拉夫（Margaret Peteraf）提出，如果不考虑一位诺贝尔奖获得者的研究团队及其氛围，就无法预测他的工作效率。如果一部电影的导演、联合主演、特技替身和电影摄影师都不能做好自己的本职工作，那么再优秀的演员也会显得很业余。因此，让我们将目光从体育界转向高价值投资分析行业，来探讨一些与任务相关的能力和氛围相互作用的相关研究。

投资分析师的主要职责是对行业、公司和投资机会进行调查和研究。他们收集数据，进行财务分析，并提供能够影响重大财务决策的见解和意见。他们发布盈利预测报告、股票推荐报告和详细的公司研究报告。明星分析师的报酬相当高。作为一名投资分析师，如果你能预测何时买入某只股票，避免投资某一行业，或者避免收购一家濒临破产的公司，那么你将会获得丰厚的报酬（大型投资银行的顶级分析师每年可以获得数百万美元的收入）；而如果你跻身于《机构投资者》杂志（Institutional Investors）的排行榜，那么你的职业生涯将一飞冲天；如果你碰巧还出现在封面上，你必将成为名人，请准备好接受电视台和报纸的采访吧！因此，该行业常常因从竞争对手那里挖走顶尖人才而臭名昭著。这种观念并非金融行业所独有，法律、咨询、医药、技术、会计等其他知识密集型行业也是如此。对此公认的看法是，引进"明星员工"是件理所当然的事。这种观念也适用于销售和保险专业人员。你拿下他们及其手中的业务，将他们纳入团队，你的公司业绩将马上得到改善。这些行业的"明星员工"通常被认为与棒球中的自由球员相似。只要你找到一个本垒打球手并签下他，你的球队就会变得更优秀。但请记住，投资分析师以及那些从事医疗和咨询等行业的人很少独立工作，他们也需要依靠团队中其他成员的支持来取得成果。

鲍里斯·格鲁斯伯格（Boris Groysberg）是哈佛商学院组织行为学系的教授，著有《追星》（Chasing Stars）一书。多年来，他和同事们一直致力于研究有关"明星员工"的问题。他与琳达-埃林·李（Linda-Eling Lee）和阿什希·南达（Ashish Nanda）一起进行了一项研究，调查、分析了来自78家公司的1 000多名股票分析师和固定收益分析师在9年内的工作数据。这些数据可以帮助他们搞清楚几个关键问题：如果一位明星股票分析师跳槽到另一家公司会发生什么？公司是否只需要引进一位明星分析师，并指望他能有高水平的绩效表现呢？

研究结果非常具有戏剧性。他们发现，明星分析师跳槽后绩效会立即下降。平均而言，这种下降会持续5年！然而，公司的支持条件在绩效的保持中发挥了关键作用。那些跳槽到与前雇主有同等支持条件的公司的分析师，其绩效仅出现两年的下降；那些转投支持条件更好的公司的分析师，绩效则没有出现任何下降。此外，当明星分析师与团队中的其他成员一起跳槽时（例如，与初级和高级研究员、机构销售人员或专注于同一领域的交易员），即当他们带着自己的支持团队一起跳槽时，绩效没有出现下降。有趣的是，女性分析师在跳槽后的绩效要优于男性分析师。

格鲁斯伯格的研究清晰地揭示出，支持条件等氛围转化为绩效这件事会产生极大的影响。几年前，我们还对一家全球知名公司的行业分析师团队进行了研究。随着时间的推移，该公司内部出现了两种类型的团队结构。一些分析师团队以一位明星分析师为核心，该明星分析师成为所有宣传的焦点，团队成员共同努力，帮助这位明星分析师成为行业顶级分析师。相比之下，其他团队的配置方式更均衡。虽然团队中仍然有一位指定的领导者，但所有分析师都需要相互协调，他们为团队的成功做出的贡献有目共睹。在研究开始时，这家公司的高层领导告诉我们，他们认为明星模式更好，所以一直在寻找更多的明星分析师来组建团队。但令他们惊讶的是，我们的研究结果恰恰相反。从所有指标来看，包括可信度很高的财务指标，以"明星员工"为中心的团队表现都不如其他团队。其他团队表现出更强的团队合作精神，并能转化为更高的绩效。

我们的研究结论并不是说以"明星员工"为中心的团队不好，而是说单个人才本身并不能决定团队效能。格鲁斯伯格和他的同事们证明，氛围对与任务相关的能力能否转化为绩效有极大的影响，而我们的研究表明，团队合作也有此影响。在结束对与任务相关能力的探讨之前，让我们快速重温一下篮球队研究中的另一个发现。

你应该还记得，拥有太多明星球员的篮球队的表现通常不如球员水平分散的球队。这一发现总体上是正确的，但也有例外，那就是展现出高水平团队合作和协调能力的全明星团队能够克服人才过剩的问题，并充分发挥球员的天赋。虽然团队合作无法解决严重的人才短缺问题，但它能够解决人才过剩的问题，前提是"明星员工"愿意表现出与团队合作相关的能力，而不太在意谁是"领头羊"。

## 以合作为导向，促进信任与合作

当团队成员需要相互协作时，即使协作程度低，团队成员也需要具备与团队合作相关的能力，包括知识、技能、素质和其他特质，从而能作为一个团队一起工作。在团队环境中，与团队合作相关的能力是与任务相关的能力的补充。那么，两者哪个更重要呢？这要视情况而定。所有团队都需要充足的与任务相关的能力，而任何需要成员一起工作的团队或多或少都会需要一些与团队合作相关的能力。两种能力都很重要，但它们的相对重要性在很大程度上取决于团队在依存度标尺上所处的位置。

当团队成员之间很少需要相互协调或依赖时，与团队合作相关的能力就不那么重要。在这样的团队中工作，团队成员之间几乎不需要互相帮助或支持，所以成员的团队合作能力可以较低。但即使是在工作性质相当独立的团队中，例如大多数销售团队，一个"有害"的团队成员也会损害团队利益，对团队绩效产生不利影响。一般来说，团队成员越需要依赖其他团队成员的积极配合，对团队合作能力的要求就越高。也就是说，每个团队都需要与任务及团队合作相关的能力。

我们可以借助 2×2 能力矩阵（见表 3-1）来配置团队合作所需的能力。20 世纪 90 年代，我们与同事简·坎农 - 鲍尔斯（Jan Cannon-Bowers）在研究美国海军团队的绩效时首次提出了这种区分方法。

表 3-1 一般和特定的团队合作能力

| 任务类型 | 一般成员 | 特定成员 |
| --- | --- | --- |
| 一般任务 | 可迁移的团队能力：几乎适用于所有类型的团队任务 | 基于特定团队的能力：无论具体任务是什么，都对特定团队有帮助 |
| 特定任务 | 基于特定任务的能力：只适用于执行特定任务 | 基于特定情境的能力：适用于由特定团队成员来完成的特定任务 |

该矩阵显示，无论正在执行的任务或成员构成如何，一些团队合作能力都是适用的。例如，几乎每个团队都会遇到冲突，所以擅长解决冲突是普遍适用的团队合作能力。我们将解决冲突的技能等能力称为可迁移的团队能力。而其他能力只适用于执行特定任务或与特定人群（特定成员）合作的情况。还有一些能力只适用于与特定成员合作执行特定任务的情况（基于特定情境的团队能力）。

我们将主要关注可迁移的团队能力，因为这种能力适用于任何一个团队。

## 可迁移的团队能力

几乎在所有团队配置中,都存在一些通用的或可迁移的能力,会对团队效能产生影响。在这些能力中,一些是可以训练或培养的技能,另一些则是难以改变的稳定特质。例如,人格特质以及其他个人特质具有相对稳定的性质。改变一个人的性格是一件很困难的事情,你需要在招聘时就处理好这个问题。如果你的组织依赖于团队,那么你可以尝试雇用具有良好性格特质的人,或者至少筛选掉那些具有不良性格特质的人。同时,帮助员工提升那些比较容易提升的、可以训练或培养的技能也是非常有意义的。

可迁移的团队能力适用于任何团队,不过在以下情境中更重要:

- 当团队成员经常需要兼顾多个团队时,因为他们可以在所有团队中应用可迁移的团队能力。
- 当团队成员构成动态变化时,因为在团队成员定期更换或团队迅速组建和解散的情况下,很难培养团队成员的特定能力。
- 当团队任务动态变化且不可预测时,因为任务需求的不可预测会导致团队更难培养基于特定任务的能力。

如果上述情境在你的组织或业务部门中很常见,那么将可迁移的团队能力融入员工的各种培训和学习经历中就显得尤为重要。

大多数组织都会从提高员工的相关技能中受益,你可以在这方面多投入一些精力。但我们要强调的是,在进入职场之前,培养基本的可迁移的团队能力是极具社会价值的。我们鼓励教育工作者为学生创造机会,让他们在整个求学生涯中,从小学一直到高中、大学,乃至大学毕业后的职业教育阶段,都能学习和练习团队合作能力。目前,我们正在建议医学院在课程中增加培养可迁移的团队能力的内容，以补充与任务相关的能力（当然，医生应该学习如何诊断病人，但学习沟通和培养领导力也相当重要）。现在医疗保健工作越来越多地以团队形式进行，团队合作对病人的护理和安全有着重大的影响。因此，如果新入职的医生、护士和其他医疗保健专业人员已经具备基本的团队合作能力，那不是很好吗？

接下来我们继续探讨可迁移的团队能力。研究发现，最重要的可迁移的团队能力为：5 种通用的技能，2 种相关的团队合作常识，以及一些个人特质，这些都会对合作产生有意义的显著影响。

如果我能学会做一个更出色的倾听者和沟通者，更乐于提供和接受反馈，培养有效处理冲突的能力，并加强自己的人际交往能力，那么我在团队中肯定会更有价值。甚至在未来的任何其他团队中，我也会变得很有价值。研究表明，沟通技能、反馈技能、冲突化解技能和人际交往技能是基本的、可迁移的技能。具备这些技能的团队成员更有可能表现出高效的团队合作行为，并培养出合作的团队态度（例如信任）。我们将在关于协作和协调的章节中分别探讨这些技能是如何在行为和态度上表现出来的。此外，由于团队成员需要非正式地履行某些领导职能的情况越来越多，所以将一些基本的领导力视为可迁移的团队能力是有价值的。我们将在后文中进一步探讨领导力。下面列出了 5 种通用的技能，以及对应的一些行为表现：

- 沟通技能，包括提供清晰的信息，提出有效的问题，积极倾听，以及理解他人。
- 反馈技能，包括观察和审视团队成员的工作表现，向他人提供建设性反馈，鼓励他人提供反馈，并能够理解接收到的反馈。
- 冲突化解技能，包括能够有效地提出不同意见，有效利用建设性冲突，判断发生冲突的原因，化解和解决冲突，并帮助他人也这样做。

- 人际交往技能，包括推断对方的意图和情绪，适时传达同理心，解读非语言线索，调节自己的情绪，并能够影响和说服他人。
- 领导力，包括建设性地引导他人承担责任，激励和鼓励团队成员，分享自己的专业知识，教导他人，明确期望和优先事项。

有证据表明，拥有团队合作的一般知识，或者说是团队合作常识，对参与团队工作是很有帮助的。团队合作常识就是指清楚是什么推动了团队效能，优秀的团队成员都在做些什么。

美国普渡大学的迈克·坎皮恩（Mike Campion）、密歇根州立大学的弗雷德·摩根森（Fred Morgesen）和韦伯州立大学的迈克尔·史蒂文斯（Michael Stevens）多年来一直从事团队和团队合作方面的研究。他们的一项研究发现，对团队合作有着更深刻理解的团队，表现优于其他团队。这看上去是合乎逻辑的。当一个人了解真正影响团队效能的因素——这是团队的科学而非团队神话，懂得如何处理涉及团队动态的常见情况，明白优秀的团队成员都在做些什么时，他在任何团队中都会变得更有价值。

研究还揭示了一些个人特质。第一种是涉及各种跨领域任务和不同团队成员的个人特质，它们通常与团队效能有关，比如认知能力。团队成员需要有足够的认知能力来执行自己的任务，获取新的知识和技能，进行有效的沟通，并为有效的团队决策做出贡献。这里的认知能力是指一个人进行推理、回忆、理解和解决问题等高级心理过程的能力，而不是指某人知道什么。

美国知名媒体露天看台（Blecher Repovt）的前任总裁罗里·布朗（Rory Brown）认为，作为一名领导者，如果你是公司里面最聪明的人，那说明你的招聘工作做得不到位。总的来说，这一观点是有道理的。但我们认为，关键在于你的团队成员要对所从事工作的本质有充分的认知，仅仅召集一群极其聪明的人加入团队并不能保证团队效能。

第二种是相对稳定的个人特质，这些特质能帮助人们成为更优秀的团队成员。其中之一就是集体导向。

集体导向是团队合作的基本信念。集体导向程度高的人通常更喜欢团队合作，并认为团队至上。他们通常以提升团队利益为己任。通俗地说，我们可以称他们为集体主义者。

苏珊娜·贝尔（Suzanne Bell）是美国德保罗大学的教授，也是团队构成研究领域最杰出的学者之一。和我们一样，她也研究了团队构成如何影响团队合作和绩效。她在很多情境中研究过这个问题，包括 NASA 的团队，我们和她有过多次有趣的对话。她对先前近 90 项研究中的团队构成效应进行了元分析，发现集体导向和合作偏好程度较高的团队表现出的绩效水平更高。然而这种关系只发生在真实工作场所的研究中，却没有出现在实验室的研究中。我们认为，这可能是因为实验室研究的持续时间相对较短，导致人们运用集体导向为团队谋利益的机会较少。

此外，其他相关研究也表明，集体导向有利于团队，因为它使信息共享和填补其他团队成员的空缺变得更加容易。如果我认为团队至上，那么我更有可能分享而不是隐瞒自己知道的信息，并且我会更愿意帮助有需要的同事。当然，集体导向在成员相互依存度更高的团队中更为重要。毕竟当团队成员主要是独立的贡献者时，彼此尊重和保持礼貌就足够了，而保持礼貌并不需要你具备高度的集体导向。

我们在咨询工作中发现，一个团队似乎需要足够多具有集体导向的人，但并不是每个团队成员都必须具有很强的团队精神。团队中具有集体导向的成员占比可能存在一个最低值，低于这个值团队就可能陷入困境。我们很想告诉你这个神奇的最低值的确切数字，但目前的研究还无法确定。

集体导向是一种相对稳定的个人特质，想要具备这种个人特质的人加入团队，最佳时机是团队进行招聘的时候。因为要改变一个人对团队的基本信念非常困难，至少在短期内如此，所以评估应聘者的团队合作取向是有意义的。但集体导向之类的个人特质是否会激发随后的团队合作行为，在很大程度上受到其他驱动因素的影响。在我们使用团队角色定位和经验工具进行的研究中，那些有集体导向的人，也就是那些试图安抚或激励其他团队成员并保持积极团队氛围的成员，确实会表现出更多的合作行为。不过情况并非总是如此。例如，如果团队内部信任度低、角色不明确、领导者很自私，那么即使是具有高度集体导向的团队成员，也不太可能表现出团队合作精神。

你可能会认为集体导向就意味着牺牲自己，其实不然，集体导向并不意味着品德高尚或大公无私。澳大利亚陆军的斯科特·盖顿（Scott Gayton）和南威尔士大学的詹姆斯·基欧（James Kehoe）进行了一项研究，对象是久负盛名的澳大利亚陆军特种部队的候选人。他们希望能通过一些因素来预测谁能通过严格的特种部队训练，其中最重要的预测因素之一就是对团队合作的偏好。所有新兵都动力十足、身体健壮、意志坚强，否则他们也不会参加特种部队的选拔。尽管候选人中不乏坚韧和有干劲的人，但只有具有集体导向的候选人才能获得成功。事实上，将自己视为团队中一员的候选人通过训练的概率是其他候选人的 2.6 倍！我们在 NASA 的宇航员选拔项目中，也发现了类似的个人卓越能力与强烈的团队合作取向的结合。在太空飞行的早期，NASA 的目标是雇用那些专业能力出色的人，并没有重点关注集体导向。如今，NASA 已经完全理解并意识到卓越的个体与集体导向之间二元统一的强大力量。

## 能成事的团队
Teams That Work

有些人既有很强的集体导向，同时也是出色的个人贡献者，甚至可能是一个明星人物。史摩基·罗宾逊（Smokey Robinson）是摩城唱片公司有史以来最伟大的音乐人之一，也是一个音乐传奇，但在幕后，他始终表现出很强的集体导向。在奥普拉·温弗瑞（Oprah Winfrey）的电视节目《大师班》（Master Class）中，罗宾逊谈到了自己在摩城唱片公司的经历。当其他歌手或团队都在争夺知名度和资源时，他却总是以合作的方式完成自己的工作。罗宾逊说："对我们来说，在录音棚里面，不管是帮助我们的竞争对手创作歌曲，还是帮助正在与我们合作的歌手创作歌曲，我们都同等对待。为了彼此，我们全情投入。"例如，他的代表作之一《我的女孩》（My Girl）是专门为 Temptations 乐队，而不是自己的乐队创作的。我们相信他不是唯一一个关心摩城大家庭的人，但并不是每个人都能做到他那样。这不是关于摩城唱片或音乐产业竞争力的评价，只是为了说明集体导向存在明显的个体差异。摩城唱片公司的其他歌手和制作人，都不太可能与罗宾逊有相同的团队合作信念。

除了集体导向外，还有 3 个相对稳定的个人特质：

- **适应性**。适应性是指适应环境变化的意愿和能力，灵活而不死板。
- **责任心**。责任心是指可靠、有条理、有责任感的倾向。具有这种特质的人通常更喜欢有计划的行动，而不是随意的行动。
- **宜人性**。宜人性是指倾向于信任、乐于助人和合作，而不是高度竞争和怀疑他人。

首先考虑到大多数组织的变化速度很快，大多数团队都经常经历改变，因此团队成员通常需要具有灵活性和适应性。

而责任心和宜人性作为大五人格中的两个特质，一般是有利于团队效能的。但不同于我们之前讨论过的技能，一个人具备的特质并不总是越多越好。

显然，责任心强的团队成员往往相当可靠。但如果团队需要定期进行调整，适应性就变得至关重要，而这时如果所有成员的责任心太强，反而会让我们感到有点担忧。因为过度的责任心可能会限制团队成员的灵活性和适应性。

不难看出，在宜人性上得分较高的团队成员能够促进团队合作，但如果每一名团队成员在这一特质上得分都很高，那么团队可能会缺乏建设性冲突。研究表明，仅仅了解团队的宜人性平均水平并不是关键。根据贝尔的元分析，要了解宜人性的影响，我们需要关注得分最低的那名成员。因为如果团队中有成员在这个特质上得分很低，那么他很可能会成为一个破坏性因素。

招聘和提拔具有理想的团队合作能力的人（如具有集体导向和沟通技巧）固然重要，了解要避开具有哪些特质的人也同样重要。接下来，让我们把注意力转移到影响团队合作的阴暗面。

## 影响团队合作的阴暗面

你很可能曾与一个"有害"的人待在同一个团队里面。我猜你知道我们所说的"有害"是什么意思，如果你不知道，那么可以看看丽贝卡·贝内特（Rebecca Bennett）和桑德拉·罗宾逊（Sandra Robinson）对工作场所中的异常行为进行的系列研究。他们发现了7种不正常的行为，包括取笑别人、说一些伤人的话、发表不恰当的种族或宗教言论、诅咒他人、搞恶作剧、举止粗鲁、当众让别人难堪。"有害"的员工很容易出现这些行为。此外，这类员工在工作中不努力，看问题悲观，经常表现出焦虑和愤怒等方面也是出了名的。显然，我们都想避免雇用"有害"的员工，但如何判断一个人是否"有害"呢？

爱荷华大学研究员欧内斯特·奥博伊尔（Ernest O'Boyle）的研究工作可以为我们提供帮助。他和同事对先前的 245 个研究样本进行了元分析，这些样本考察了被称为黑暗三联征（Dark Triad，DT）的 3 类"有害"的人格特质，这些特质包括：马基雅维利人格特质、自恋和与精神病态相关的特质。

- 具有马基雅维利人格特质的人认为操纵是有效且可接受的，对人性持有愤世嫉俗的观点，并拥有将私利置于原则之上的道德观。
- 自恋的典型特征是自我价值感过度膨胀，对控制和成功抱有不准确的信念，以及强烈渴望向别人炫耀和强化自己的自恋情结。他们通常觉得自己高人一等，即使别人并不这么认为。
- 与精神病态相关的特质是缺乏对他人的关心，极易冲动，以及在伤害他人后毫无悔意。具备这一特质的人通常极其擅长印象管理，极富魅力。

你可能认识一些表现出这些特质的人，也许你在公司里就已经接触过具有黑暗三联征的人格特质的人，或者在新闻上看到过表现出这些人格特质的政客，诸如此类。那么你应该已经对黑暗三联征的行为有所了解。这些人格特质确实令人讨厌，它们会带来什么影响呢？奥博伊尔和他的同事们发现，马基雅维利人格特质和自恋，以及程度较轻的精神病态，始终与反生产工作行为有关。这些人不仅令人讨厌，还具有破坏性。所以，当你想要组建一支团队时，你不仅要考虑团队成员必须具备与任务相关的能力和与团队合作相关的能力，还要考虑一下需要避开的特质，具有那些特质的员工会破坏团队，让你痛苦不堪！雇用或姑息具有黑暗三联征人格特质或宜人性极低的员工,会对整个团队产生负面影响,部分原因是他们的负面情绪会传播给其他人。

负面情绪是如何传播的呢?它可以通过情绪传染。世界各地的研究人员一直在研究情绪传染是否真实存在,如果存在,它又是如何起作用的。情绪传染是一个心理学术语,用来描述一个人如何"感染"另一个人的情绪,就像感冒传染一样。

工作场所的无礼行为很容易蔓延开来。美国的特雷弗·福克(Trevor Foulk)和同事所做的一系列研究表明,即使是低水平的负面情绪也可能具有传染性。日本国立生理科学研究所的原田时子(Tokiko Harada)和日本名古屋大学医学院的一组研究人员表示,接触负面情绪表达似乎比接触正面表达更能激活大脑的各部位。更糟糕的是,负面情绪不仅会由A传染给B,而且C在没看到A的情况下,就可以从B身上感染到这种情绪!吉拉姆·德泽凯什(Guillaume Dezecache)和巴黎的一组研究人员发现,消极情绪的传播范围比我们想象的更广。如果你希望积极情绪可以帮助治愈自恋者,那么事实可能会令你失望。安娜·恰尔纳(Anna Czarna)和其他学者的研究表明,自恋程度高的人不太容易受到情绪传染,这可能是因为他们比较缺乏同理心。具有讽刺意味的是,自恋者似乎可以将他们的负面情绪传染给你,但你的积极情绪却不太可能传染给他们!

这些研究表明,世界各地的科学家都在试图理解情绪传染这种重要的心理现象。总的来说,他们揭示了一个"有害"的成员如何通过情绪传染的方式影响其他团队成员。因此,我们建议你尽可能让团队远离具有黑暗三联征人格特质的人。

下面列出了11种可迁移的团队能力,并对一些"有害"特质进行了提醒。在本书附录的工具章节中，你可以找到关于这些能力的详细描述，以及有关任务和团队特定能力的一些附加信息：

- **5 种通用的技能**：沟通技能、反馈技能、冲突化解技能、人际交往技能和领导力。
- **2 种相关的团队合作常识**：了解团队效能，以及如何成为一名优秀的团队成员。
- **个人特质**：认知能力（适当就好）、集体导向（要足够多）、适应性（尤其是在动态环境中）、责任心（不要求所有人都必须很高）、宜人性（能够促进团队合作）。
- **需要避开的"有害"特质**：马基雅维利人格特质、自恋、与精神病态相关的特质。

我们将在后文提供一些关于团队配置的简要思路，然后介绍能力在实践中的一些意义。

## 精心组合，确保团队能力的搭配均衡

我们很容易将能力看作纯粹的个人特质：莎拉会用 Python 编程，拉克希米有很强的财务技能，比尔会讲西班牙语，而索菲娅非常擅长与人沟通。但要采取适当的行动来改善团队，你可能还需要考虑团队的集体能力。团队成员目前具备的能力如何与团队所需的能力相匹配呢？以与任务相关的能力为例，如果团队中的每个人都必须会说流利的西班牙语，而团队中 30% 的人只掌握了基本技能，那么即使大部分团队成员的西班牙语很流利，甚至有一名团队成员的西班牙语是顶级水平，也是没有用的。除非对团队成员的能力进行一些调整（例如，培训或更换团队成员），否则团队很可能会陷入困境或失败。

有时团队在特定领域有一位专家就足够了，但在其他情况下，通过了解团队队员的平均能力或最弱的团队成员的能力，我们可以更好地预测团队的表现（请回想关于宜人性的研究）。例如，如果由一个身高1.7米、行动慢吞吞的作家来跑奥运接力赛的最后一棒，那么他们小组获胜的概率有多大？我想即使把地球上跑得最快的3个人拉过来和这位作家组队，也无法取得胜利。

研究人员已经就与团队合作相关的能力如何影响团队合作和绩效展开了研究。我们的朋友兼长期合作伙伴约翰·马蒂厄领导的研究表明，团队总体能力的配置水平比团队成员的个人能力水平更能预测团队绩效。于是，马蒂厄开始在康涅狄格大学的MBA和EMBA项目的学生团队中验证这个发现。学生们先完成一项调查问卷，旨在评估每个人在团队中的角色倾向，调查结果会显示出他们的团队角色类型，例如挑战者、组织者、实干家、团队建设者和创新者。然后，马蒂厄将学生分配到不同的团队中，并优化他们的团队配置，例如，为确保团队成员的搭配均衡，在同一团队中不会有太多的挑战者。结果发现，精心配置的团队比随机组合的团队表现更好。

当你打算增加或替换团队成员时，请考虑团队当前的能力组合，并找出不足之处。在任务方面，团队中是否有人具备替补关键团队成员所需的技能？在团队合作方面，团队中具有集体导向的团队成员足够多吗？认真负责的团队成员足够多吗？可以相信他们能完成好任务吗？团队的能力配置很重要！

TEAMS THAT WORK

# 逐项消灭问题，打造能成事的团队

**问题 1**
团队成员的技能或知识还不够，需要提升：

- 确定哪些成员可以从额外的能力培养中受益，并清楚他们所需要的能力。
- 提供有针对性的指导和个人培训，以提升他们的能力。
- 汇编关于"如何做"的指南、清单和提示表。利用它们来传播知识和专业技能。

**问题 2**
团队缺乏一种重要的专业能力，并且无法通过培养现有成员来补缺：

- 考虑一下临时解决方案是否可行，例如，从另一个团队借调某人到你的团队一起工作一段时间。
- 如果团队将持续需要某项重要的能力，但团队目前缺乏并无法在现有的团队成员中培养出这种能力，那么你需要增加、调动或替换掉相关团队成员，来填补这个缺失。
- 如果你不能缩小能力方面的差距，那么，请主动管理好客户和合作伙伴的期望，毕竟你最后可能无法像客户和合作伙伴所期望的那样快速或有效地交付成果。

**问题 3**
**团队成员的团队精神不够，不能以团队利益为先：**

- 在团队中就什么是高效能的团队成员达成共识。确定哪些是团队成员已经做到的，并认同他们将来会表现得更好。
- 集体导向是一个相当稳定的特质，所以在筛选潜在团队成员时，询问他们之前的团队合作经历，并注意那些危险信号，例如过度抱怨或指责之前的团队成员。
- 不要把高效能的成员累垮了。他们通常是第一个自愿站出来的人（例如，提供帮助和加班），别把他们累得筋疲力尽并最终离开团队。
- 支持和提拔表现高效能的团队成员。当他们离开去追求一个更大的机会时，你可能会失去一个人才，但其他人会更愿意来为你和你的团队工作。

**问题 4**
**团队中存在性格"有害"的成员，经常给他人带来困扰：**

- 任何人都可能有一两天表现糟糕，但如果团队中有人总是说一些伤人的话，发表不恰当的评论，行为粗鲁，让其他成员难堪，不努力工作，说其他成员坏话，总是很悲观，并且喋喋不休地谈论那些惹他们生气的事情，那么他们就是"有害"的成员。
- 一定要对这些成员提出明确的要求，要求他们改变并承担相应的责任。
- 不要容忍"有毒"的成员。如果他们不改变自己的行为，就让他们离开团队。无论这些成员的能力有多出色，他们都不利于整个团队。
- 不要在团队环境中与"有害"的成员进行交涉，私下与他们讨论相关问题。

# TEAMS THAT WORK

## 04

驱动因素2，协作，
在团队内建立信任与凝聚力

The Seven Drivers of
Team Effectiveness

**能成事的团队**
Teams That Work

1996年，一支登山队试图通过尼泊尔的南坳路线登上珠穆朗玛峰。罗布·霍尔（Rob Hall）和斯科特·菲舍尔（Scott Fischer）担任这支登山队的领队，他们是世界上技术最娴熟、经验最丰富的登山者，并且之前都曾成功带队登顶珠穆朗玛峰。这支登山队还有4名经验丰富的向导、几名技术娴熟的夏尔巴人，以及16名付费客户。不幸的是，最后有5名登山者在这次探险中丧生，其中包括两名领队。这样的事故怎么可能发生在一支技术如此娴熟、能力如此出众的团队身上呢？让我们回看一下那天都发生了什么。

探险一开始，两位领队就制订了一项计划，并一致认为必须在下午2点前到达山顶，否则就折返，放弃攀登。他们达成的约定是：如果在指定时间前没有到达山顶，无论距离山顶多近，都要下山返回。但在攀登过程中，登山队的实际进度落后于计划，当他们确定无法在下午2点前到达山顶时，霍尔却做出了继续攀登的决定。当时，只有4名队员选择返回基地，其他人都选择了继续攀登。虽然许多人对霍尔的决定持保留态度，但他们仍继续攀登。当一场猛烈的风暴来临时，能见度和气温骤降。登山者耗尽所有氧气，开始恍惚，最后迷失了方向。在下山过程中，5人死亡，其他人侥幸存活下来。

虽然这些登山者的直接死因可能是窒息或体温过低，但我们认为悲剧发生的根本原因是登山队的成员缺乏心理安全感，也缺乏提出反对意见的勇气。

在登山之前，登山队的成员就已经形成了这样的观念，那就是如果直言不讳就会受到领队的排斥。根据乔恩·克拉考尔（Jon Krakauer）在其著作《进入空气稀薄地带》（*Into Thin Air*）中对此次探险的描述，领队霍尔在出发前就告诫队员："我不会容忍任何异议。我的话就是绝对的规则，不容反驳。如果你不喜欢我做的某个决定，我很乐意在登顶之后和你讨论，但不是在我们登山的时候。"他警告队员，如果冒犯他的权威就要付出代价。

等级森严的团队经常受困于心理安全感，实力较弱的成员会觉得自己应该按照别人吩咐的去做。登山队有明确的等级制度：领队等级最高，然后是向导，最后是队员。向导之间甚至也有等级之分。一名向导认为自己的意见不会受到重视，因为自己的报酬比其他向导少。他对超出设定好的折返时间感到非常担忧，但鉴于领队不能接受任何异议，所以他和探险队的大部分成员一样，不敢提出反对意见。而这样做的结果是致命的。

协作是指团队成员对所在团队抱持的态度和信念。这些态度和信念是基于团队成员在团队（包含以前的团队）中的经验形成的，并受到团队成员的能力、个性、团队合作（或不合作）行为、沟通方式、氛围、共识（或误解）和教练的影响。换句话说，协作形成于其他6大驱动因素之中。反过来，协作的态度和信念也会影响其他驱动因素。

协作的态度和信念是由感知驱动的，而感知不一定与现实相符。因此，你不能强迫某人信任你，只能通过行动来增加他对你的信任。虽然采取正确的行动不能保证绝对有效，但一定会增加你成功的概率。

协作是心理学家所说的"涌现状态",简单地说,它会随时间推移而不断发展,其本质是动态的。协作不是你可以从一个团队带到另一个团队的技能或个性特征,也不是你对团队的总体态度。协作是你目前对这个团队实实在在的看法和感受,并且这些态度和信念会随着时间的推移而改变。"我相信团队能取得胜利吗?团队领导值得信任吗?我是否能提出不同的观点?"这些问题的答案可能会很快发生变化。当你加入一个新的团队时,随着时间的推移,你会对该团队产生一套全新的态度和信念。

研究表明,4种主要协作类型(见表4-1)会极大地影响团队效能,需要密切关注。你可以将这4种主要协作类型视为一种预警系统,当协作不到位时,绩效问题可能会随之而来。如果你采取行动来加强协作,那么绩效很可能会有所提高。

表4-1 4种主要协作类型

| 协作类型 | 态度和信念 |
| --- | --- |
| 信任 | 我是否期待团队成员做正确的事?<br>我是否相信他们有积极的意图? |
| 心理安全感 | 我可以坦诚并公开地分享观点吗?<br>我是否相信团队成员会假设我是善意的(不会把我往坏处想)? |
| 集体效能 | 我们是否相信团队能够完成好任务?<br>我们是否相信团队会赢? |
| 凝聚力 | 团队成员如何看待我们的团队和工作?<br>团队或任务对我们的吸引力有多大?<br>我们对团队或任务的投入度如何? |

当然,人们在团队中还会形成其他态度和信念,但我们重点关注上述4种,因为有明确的证据表明,它们能带来有意义的改变。大量可靠的元分析结果都证明,这4种主要协作类型推动了团队合作,并提高了团队效能。

> **能成事的领导者之思**
>
> 1. 你的团队目前在协作方面的优势和局限是什么?
> 2. 尝试改善团队成员对团队的态度和信念是否值得?如果值得,你应该专注于哪种协作类型?
> 3. 你会采取什么行动?

## 建立信任,改善成员对彼此的看法和态度

有一句古老的爱尔兰谚语是这样说的:"当不信任来临时,爱会主动离开。"众所周知,人与人之间如果缺乏信任,就很难维持良好、健康的人际关系。当我们信任某人时,我们会认为他的行为都是出于积极的意图,我们期望他言出必行,也相信他会把我们的利益放在心上。这些信任让我们能够多一些包容,少一些个人控制,因为我们坚信对方会做正确的事情。

虽然大多数人都认为信任在工作中很重要,但也有人认为,信任并不是关键,如果你雇用聪明、勤奋的人,并建立明确的规则和结果要求,那么即使你们之间缺乏高度的信任,也能将工作做得卓有成效。然而研究表明,这种想法是错误的,信任是商业运作的基石。

当团队成员相互信任时,他们始终能表现出更好的团队绩效。这个观点是由巴特·德琼(Bart DeJong)和来自荷兰、美国和澳大利亚的研究人员对7 700个团队进行元分析后得出的观点。他们的研究成果发表在《应用心理

学杂志》(Journal of Applied Psychology)上，无论是临时团队还是固定团队，其表现都符合这一观点。那么，信任在什么情境下特别重要呢？

德琼和他的同事们发现，在高依存度团队中，当权力越集中、团队成员的技能差异性越大时，信任度与绩效的关联度更强。这是合乎逻辑的。如果我们依赖彼此来完成工作，就必须彼此信任，在需要时互相帮助。而在一个权力比较集中的团队中，拥有决策权的人必须相信团队的其他成员能够提供准确的信息，而没有决策权的人必须相信掌权者能够做出有利于团队的决策。当团队成员拥有不同的专业特长时，他们必须相信团队的其他成员能够胜任自己的工作，并且为团队做出了贡献，因为他们缺乏足够的专业知识来对团队的其他成员的工作做出评估。德琼等人还发现，在依存度低、权力不集中或团队成员拥有相似技能的情况下，信任仍然与绩效呈正相关关系。

当团队成员在不同地点工作时又会怎样呢？距离远近会影响信任在团队中的重要性吗？德琼的元分析表明，信任在虚拟团队[①]中更为重要，但克里斯蒂娜·布鲁尔（Christine Breuer）和她的同事也进行了元分析，并未发现团队成员的距离远近对信任与绩效的关系有影响。从大局来看，德琼或布鲁尔的结论是否正确并不重要。重要的是，他们都证实了信任在虚拟团队和同处一地的团队中都是必需的，因此，在这两种环境中建立和维持信任非常重要。但是，如果你无法与同事经常面对面交流，那么建立信任会更具挑战性。所以，我们建议，当团队成员分散在各地工作时，他们需要更加关注团队信任方面的问题。

我们一直在讨论团队成员之间的信任问题。那么，信任团队领导重要

---

[①] 虚拟团队是指由分散在不同地理位置、时区和文化背景的成员组成，通过信息和通信技术形成的一个协作团队。——编者注

吗？比如，我是否相信领导会说到做到，这件事重要吗？答案是肯定的。这里有一些证据表明，信任你的领导非常重要。库尔特·德克斯（Kurt Dirks）和唐纳德·费林（Donald Ferrin）进行的一项元分析显示，信任领导的员工在工作中会表现得更好，对组织的忠诚度更高。此外，这些员工更有可能超越指定的工作职责范围，成为更好的"企业公民"。并且信任直属领导比信任高层领导更重要。

托尼·西蒙斯（Tony Simmons）针对6 500名酒店员工进行了一项研究，揭示了信任是如何转化为实际经济回报的。西蒙斯发现，员工相信自己的主管一般会履行承诺的那些酒店，往往利润更高。他的分析显示，酒店在行为一致性上的得分（5分制评分）每提高0.125分，酒店的收入可提高2.5%，即这家酒店每年能增加超过25万美元的收入。由此可见，信任是商业运作的基石。

## 判断可信度的3个方法

在某些情况下，信任可能体现出更重要的作用，尤其是当涉及团队绩效时，研究结果有力地证明了信任对所有团队都很重要。那么信任又是如何形成的呢？我们依靠什么来判断一个人比另一个人更值得信任？

**方法1，通过3个关键问题来判断**。几十年来，研究人员一直在思考为什么我们会信任或不信任某人。早在20世纪90年代中期，罗杰·迈耶（Roger Mayer）和他的同事就提出了一个极具影响力的理论来解答这个疑问。基于之前的研究工作，他们提出，可以通过3个问题来判断一个人的可信度。第一个问题与能力感知有关：他能做到吗？后两个问题与品质感知有关：他会做到吗？

你是否信任一个人取决于以下 3 个关键问题：

- 他是否有能力说到做到？（能力）
- 他是否会做对我有益的事？（善念）
- 他是否会遵守一套可接受的原则或价值观？（正直的品质）

迈耶认为，对一个人的能力、善念和正直的品质的判断将决定他是否值得信任。虽然这听起来合乎逻辑，但这是否反映了信任的本质？有一项元分析可以解答这个问题！

贾森·科尔基特（Jason Colquitt）、布伦特·斯科特（Brent Scott）和杰弗里·勒平在佛罗里达大学工作时，对 130 多个研究样本进行了元分析，以验证迈耶的理论。他们发现，正如迈耶所提出的，这 3 个关键问题在决定我们信任谁的问题上起着重要作用，即使在控制了各种其他可能的变量之后也是如此。研究表明，在决定是否信任某人时，我们应该考虑这个人是否有能力履行自己的承诺。如果我们不相信他有履行承诺的能力，那么即使他表现得很积极，我们可能也不会相信他能做到。我们还应该考虑他给我们的感觉：他真的会考虑我们的最大利益，还是仅仅考虑自己或公司的利益？我们还要考虑这个人平时的品质，例如，他平时是否公平？我们是否相信他拥有高尚的价值观？

除了这三个关键问题之外，科尔基特和他的团队还考虑了另外一个因素。如果你向信任你的梅布尔阿姨（有些人认为她容易上当受骗）借 20 美元，同时向愤世嫉俗、不愿意信任任何人的表弟米奇借钱，那么结局会一样吗？有些人是不是比其他人更容易相信他人？这能作为他们值得信任的理由吗？

研究证实，有些人总体上比其他人更容易信任他人。我们从生活经验中学习是否要相信他人。一些心理学家将这种信任意愿称为信任倾向，并认为它与责任心这种相当稳定的人格特质类似，无论我们走到哪里，信任倾向都会如影随形。

**方法2，通过信任倾向来判断**。这和我们当前对一个人的能力、善念和正直的品质的判断相比，哪个更有助于判断可信度呢？事实证明，两者都能判断可信度，但信任倾向是更强的决定因素。虽然我们会带着惯有的信任倾向与人互动，但每次互动都为我们提供了关于这个人的新信息，我们会解读这些信息，而这些信息往往会推翻我们最初的倾向。

刚加入一个团队时，你只能用信任倾向来引导自己（也许你听说过一些关于新成员或新主管的故事）。但是当你和其他团队成员互动时，你可以观察每个人的行为方式，然后，你会开始对新同事的可信度做出判断。从本质上讲，你是在给每个成员的可信度进行加减分。你可能没有明确地问自己"他能做到这一点吗"或"我认同他的价值观吗"，但你会自然而然地评估你对每个人的信任程度。

**方法3，通过经验来判断**。对可信度的判断不会孤立地发生，经验会影响人们感知和理解当前经历的方式。我们通过经验来洞察和解释新的经历。信任感会产生更多信任，而不信任感会导致更多不信任。下面我们举例说明。

我们曾为墨西哥湾的几个石油勘探和生产团队提供过咨询。每个团队都由一个离岸小组和一个岸上小组组成。离岸小组在海湾的一个石油平台上工作，只能通过直升机到达。小组成员住在狭小的空间里，从事危险的实操作业，并处理钻井平台的日常操作。而岸上小组则在休斯敦工作，下班后就可以回到家人身边。大多数小组成员是各种工程相关学科的专家，其任务是为离岸小组提供支持和指导，也就是说最权威的人士都在岸上工作。该公司决定建立一个实时的视频会议系统，连接每个钻井平台的控制室和休斯敦的会议室。让我们来看看在不同钻井平台上执行类似任务的两个小组，对新的视频会议系统有什么样的反应。

第一组的反应非常积极。他们立即利用视频连接与岸上的同事进行频繁的对话。第二组的反应则远没有那么积极。事实上，一开始，第二组的成员就给摄像机的镜头戴上了安全帽，这样休斯敦的同事就看不到他们工作时的样子了。

为什么两个小组的反应差别这么大呢？根据过去的经验，第一组的成员对岸上的领导者和休斯敦的同事有很高的信任度，他们从岸上的同事那里得到过一些很好的建议，并感受到岸上的同事在为他们着想。所以，对于进行视频连线的决定，他们的反应是："太棒了。这样我们就可以更方便快捷地得到休斯敦方面的支持和建议了。"相比之下，第二组的成员与岸上的同事之间的关系并没有那么紧密。他们觉得自己一直在被岸上的同事评价。他们承认岸上的同事很有能力，但不认为彼此之间有共同的价值观。所以，对于进行视频连线的决定，他们的反应是："休斯敦那边不了解我们所承受的压力，也不理解我们这里的工作方式。如果他们看到我们骂人、吐口水，他们会认为我们不专业。我们要处理的问题已经够多了，用不着整天还要被他们指指点点。"

在视频连线前，第一组已经认为岸上的领导者是值得信赖的，因此该离岸小组将视频连线视为一种额外的支持手段。而第二组对岸上的领导者则持不信任的态度，因此，同样的举措被该组视为掌权者对他们的监视。

我们与团队其他成员间的每次互动都会增加或降低彼此间的信任度。正如我们在这个例子中所看到的，把不信任转变为信任比强化信任更难。在所有关系中，无论是在工作中还是在家庭中，我们有时需要花费一些信任的筹码，所以我们应该想方设法在可能的情况下建立信任。

## 提升你的可信度，而不是要求他人信任你

正如我们前面提到的，因为信任是建立在感知和理解的基础上的，所以你不能控制它，只能影响它。有时你会遭受不公正的猜疑，可能是你的意图与他们的看法存在冲突，也可能是他们认为你和不可信的前成员很像。如果你是管理者，那么有时类似于裁员这种不受欢迎的组织行为出现时，即使你没有参与决策，也会影响团队成员对你的看法。你不能要求别人信任你，但你可以通过行动来提升他们对你的信任。下面是我们给出的一些建议。

**监控你的"信任积分"**。寻找人们信任你的迹象。比如，他们是否会征求你的意见？是否会向你表达他们的担忧？这些都是信任的迹象。我们都倾向于认为自己是值得信任的，但要警惕相反的迹象。

**试着设身处地为他人着想**。避免自以为是地认为别人应该怎么想。问问自己：他们还会怎么理解我所说的话或所做的事情？他们会如何看待我的能力、善念和正直的品质？他们的看法可能与你的想法完全不同。

**避免做出你可能无法兑现的承诺**。例如，如果一个问题的最终决定权不在你手中，那么你最好说"让我调查一下"，而不是说"我会解决它"。不履行承诺是信任的一大杀手，通常意味着你缺乏兑现承诺的能力。

**承认错误**。每一个人都会犯错。如果你做错了什么，那就承认它并承担

相应的责任。明确今后你要做什么改变,然后履行这些承诺。承认错误能够为你品质方面的可信度加分。

**要认识到"信任,但要查证"并不能建立信任。**美国前总统罗纳德·里根经常引用"信任,但要查证"这句谚语,说明这句话有一定的道理。然而你要意识到,你每次这样做都是在传递不信任对方的信号,他们很难感知到你的善意。当然,有时候你必须核实真相,例如,为了避免人身安全受到威胁,你要核实自己的降落伞是否打包妥当。但是,如果你对每件小事都进行查证,就不要指望今后有人会信任你。

**做一件显然不符合自己最大利益的事情。**一般,被他人认为自私会消耗你的"信任积分"。相反,采取对他人最有利但不一定对自己最有利的行动,则表明你关心他人。这就是善念的定义。坦白地说,你是经常这样做,还是总是为了赢得自己的利益而采取行动呢?

## 提升心理安全感,让成员敢于直言不讳

4种主要协作类型的第二种是心理安全感。心理安全感在任何情况下都很重要,不仅仅是在攀岩探险的时候。

想一想我们对大多数工作团队的期望。我们希望团队富有成效,另外考虑到工作任务的动态性、不确定性和挑战性,我们也希望团队具有适应性、学习能力和创新能力。要做到这一点,团队成员必须愿意直言不讳,提出自己的观点,表达不同意见,提供反馈,提出问题并分享专业见解。他们需要以开放的心态去尝试新的想法和工作方式,承认自己的不足,向其他成员寻求反馈和帮助,并从错误中吸取教训。这些行为有什么共同之处呢?那就是

它们都涉及一定程度的人际风险。告诉老板你不同意他的观点是有风险的；承认错误是有风险的；尝试一种有前景但未经证实的方法也是有风险的。没有人希望自己被当作爱出风头、无能或鲁莽的人，我们都不希望自己的名誉受损。因此，大多数人都不愿意在工作中承担人际风险，除非他们所处的工作环境让人有心理安全感。这就是为什么心理安全感非常重要。

20世纪60年代，组织学家埃德加·沙因（Edgar H. Schein）[①]和沃伦·本尼斯（Warren Bennis）[②]首次提出了心理安全感的概念。他们指出，心理安全感有助于促进人们学习和改变的意愿。哈佛大学商学院的艾米·埃德蒙森（Amy Edmondson）教授以切实有效的方式对沙因和本尼斯的研究进行了拓展。作为心理安全领域的顶级专家，埃德蒙森教授著有《无畏的组织》(The Fearless Organization)一书。她用"心理安全感"一词来描述工作环境与承担人际风险的程度的关系，指出当人们处于具有心理安全感的工作环境中，他们相信当自己做出直言不讳或寻求帮助等行为时，不会受到惩罚、拒绝或忽视。她还将心理安全感和信任进行了有效区分，指出信任就是你对别人表达善意（对别人进行无罪推定，不会把别人往坏处想），而心理安全感则是相信别人也会对你表达善意（对你进行无罪推定，不会把你往坏处想）。

我们认为，心理安全感是团队成员相信他们可以在工作中做自己的信念。但值得注意的是，心理安全感并不是让我们觉得大家都是朋友或兄弟；心理安全感也不会让我们感到从此就没有压力，毕竟按时交付成果的工作压力肯定存在；心理安全感也不会让我们感到，从此就不会有人跟我们唱反调

---

[①] 埃德加·沙因："企业文化理论之父"，组织心理学的开创者和奠基人。其代表作《企业文化生存与变革指南》中文简体字版已由湛庐引进、浙江人民出版社于2017年出版。——编者注

[②] 沃伦·本尼斯："领导力之父"，组织发展理论创始人。其代表作《成为领导者》《经营梦想》《七个天才团队的故事》中文简体字版已由湛庐引进、浙江人民出版社出版。——编者注

或者提意见；心理安全感也不会容忍我们不下功夫认真准备，或者索性变成一个不负责任的人！心理安全感是这样一种信念，即如果我们直言不讳，承认自己的弱点，或表现出我们之前提到的任何其他行为，都不会受到严厉批评。

一个等级森严的工作环境可能会破坏人们的心理安全感。一项对5 000多支登山队的研究表明，团队中越多的成员持有森严的等级观念，团队死亡率就越高。等级中权力的差异会使人们不敢畅所欲言。

当你与更有权力的人共事时，感到威胁或担心暴露弱点是很正常的现象。我们在医疗系统中见证了这一点。当时，我们在一个精密的模拟中心帮助训练医务人员的团队合作能力，团队在那里可以用逼真的、最先进的病人人体模型进行手术病例处理演练。其中一个模拟病例是进行一次普通的疝气手术，当病人开始出现心脏病发作的迹象时，手术立即进入紧急状态。每个团队都由一名外科医生、麻醉师、护士和手术技术员组成，他们需要一起努力拯救病人。当模拟结束后，团队成员会聚在一起，对所发生的事情进行复盘。在一次复盘中，我们问那位外科医生（他实际上是团队负责人），他是否鼓励团队成员畅所欲言。他说："我没有做任何阻止他们畅所欲言的事。"这时，团队中级别最低、权力最小的手术技术员举手发言，内容如下：

先生，恕我直言，我们害怕包括您在内的所有外科医生。如果您在手术中让我们闭嘴，那么我们可能一个月都不敢再吱声了。想象一下，您刚把车停在商场里，在进去的路上，您看到一个正要下车的人，注意到他的车灯亮着，于是温和地提醒他："打扰了，您没关灯。"如果他回答说："那是自动灯，你这个白痴。"那么，当您第二天再次来到商场，注意到另一个人没关车灯时，您还会提醒他吗？这就是为什么如果您想让我们畅所欲言，就需要鼓励我们。

如果没有得到鼓励，我们可能会觉得这样做不太妥当。

我们希望手术室里的每一个人都愿意站出来表达意见，希望他们积极发问，"不是应该在病人的左腿上进行手术吗"或者"你把病人体腔里的海绵都清理干净了吗"。幸运的是，医疗系统中的许多人已经认识到心理安全感的重要性，以及在等级文化中建立心理安全感所面临的挑战。目前他们在这方面已经取得了一些进展，但显然还有进步空间。

以上是一个关于医疗团队中成员心理安全感的故事，但故事并不能成为证据。那么关于心理安全感在团队中的重要性，团队科学能告诉我们什么呢？

美国克瑞顿大学的兰斯·弗雷泽（Lance Frazier）和其他 4 名研究人员共同发表了一项关于心理安全感预测因子和影响的元分析。他们分析了近 5 000 个团队数据，结果发现在个人和团队两个层面上，心理安全感都与团队绩效、信息共享、学习行为以及工作满意度密切相关。换句话说，心理安全感使团队能够在动态的、具有挑战性的环境中做出团队所需的行动。心理安全感的影响如此之大，以至于即使在控制了个性、对领导的信任、工作内容设计、同事支持和工作投入度这些变量之后，它仍然能预测出绩效。

每家公司都会有一些表现突出的团队。在 2011 年左右，谷歌人才运营团队（人力资源部门）围绕"是什么造就了高绩效团队"这个问题发起了一项调查。他们提出了一些假设。例如，将团队成员进行正确的组合就能够组成一个卓越的团队，如"一个罗德奖学金获得者搭配两个性格外向的人"，等等，而他们需要做的只是找出正确的团队配方。他们还认为，最好的团队会有更多工作以外的社交活动，成员应该经常一起出去玩。所以，解决这个问题的方法也许是找到一个神奇的算法来组建一支强大的团队，然后鼓励团队成员一起出去玩，以增强他们的团队意识。

公司启动了代号为"亚里士多德计划"的项目，该项目得名于亚里士多德的名言"整体大于部分之和"。他们组建了一支由最好的统计学家、组织心理学家、社会学家和工程师组成的研究团队。在两年的时间里，研究团队采访了200多人，分析了180多个高绩效团队和低绩效团队的相关数据，研究了250多种属性，测试了30多个不同的统计模型，以解释是什么造就了一支高绩效的谷歌团队。一开始，结果并不明确。项目负责人阿比尔·迪贝（Abeer Dubey）在接受《纽约时报》的采访时这样说："在谷歌，我们擅长发现规律，但在这个研究中，我们没有发现明显的规律。"

但研究团队坚持了下来，并最终找到了答案。他们最开始得出的结论是：在谷歌，有些因素不能用于预测团队绩效。例如，在同一地点办公、性格外向程度、资历、团队规模、团队成员任期，甚至个人表现，这些因素都不能预测团队绩效。团队中有哪些成员并不重要，重要的是他们如何一起工作。我们推测，得出这一结论的原因之一是谷歌能够雇用高素质的人才，所以，他们的团队很少会出现人才短缺的情况。公司里几乎所有的团队都是由有能力的人组成的。如果团队组成不重要，那么重要的是什么呢？

研究团队后来得出的结论是：到目前为止，在谷歌公司，团队绩效与心理安全感有极强的相关性。心理安全感更高的团队，其绩效是其他团队的2倍，这些团队带来的收入明显也更多。这些团队的成员离开谷歌的可能性也更小，他们更有可能从其他成员那里获得不同的主意。

虽然之前已经有研究证明了心理安全感的重要性，但谷歌公司的研究并非浪费时间。对公司来说，知道什么在他们的企业文化中有效非常重要。企业内部的证据对他们而言分量十足，帮助他们搞清楚哪些是无关紧要的因素，从而消除误解。公司里面经常有大量"假设"，然后人们根据这些假设采取行动，仿佛它们就是事实，尽管没有任何证据支持这些"假设"。以内部团队为中心的研究工作使他们能够推翻一些"假设"，并将注意力集中在几个关键的驱动因素上。未来，公司不会将时间浪费在组织团队成员一起出去玩，或为每个团队配备一个性格外向的员工上面，而是专注于提高团队成员的协作能力。研究团队的成果正在推动公司采取行动，例如，公司举办了基于情景的研讨会，分享那些损害和提升心理安全感的行为。谷歌公司的研究让我们更加确信，心理安全感在提高团队绩效方面起着核心作用。

**避免心理安全感过高**

心理安全感是团队成功的关键因素，但值得注意的是，心理安全感过高有时会使不道德的行为更容易出现和传播。在一项针对管理学专业学生的研究中，马修·皮尔索尔（Matthew Pearsall）和亚历山大·埃利斯（Aleksander Ellis）让学生小组对一项工作进行自我评估，并让作弊变得很容易。那么，什么样的小组会作弊呢？答案是：心理安全感高的小组。当然，并不是所有心理安全感高的小组都会作弊，但在这样的小组内，当有人提议作弊时，提议者不会感到不自在，因为他相信自己不会因为作弊而被排斥或告发。而且有证据表明，当一个人觉得自己可以公然地做出不道德行为时，其他人可能也会开始觉得这是可以接受的。这看起来很像 21 世纪初发生的安然事件[①]。

心理安全感也有阴暗的一面。当你越来越了解提升心理安全感的最佳方法时，请将其作为良善的力量，避免作恶！作为团队的领导者或成员，一定要明确一点，不要为了维持心理安全感而容忍缺乏职业操守、违法或不道德

---

[①] 安然公司曾是美国大型能源公司之一，然而，在 2001 年它因涉及重大信贷诈骗倒闭，这一事件也被称为"安然事件"。——编者注

的行为。当有人越界时，你需要大胆指出来。

## 提升心理安全感的 10 个技巧

在弗雷泽的元分析中，心理安全感的两个最重要的预测因子是领导行为和团队成员间的相互支持（还有一个因子是明确的角色，我们将在后面章节中讨论）。以下是作为领导者和团队成员可以采用的 10 个技巧，可以帮助团队创造一个具有心理安全感的工作环境。记住，你不能要求别人有心理安全感，但你可以协助建立一个提高团队成员心理安全感的工作环境。

团队成员可以采用的技巧如下：

- 感谢其他团队成员提出自己的观点，特别是当你不同意他们的观点时。这样做强化了在团队中可以直言不讳，并且提出不同的观点是必要且安全的团队环境。
- 总结其他成员说过的话，表明你收到了对方的意见。这相当于告诉对方，你在倾听他们的意见，他们的观点很重要。
- 管理好你的面部表情。当你翻白眼或露出很痛苦的表情时，你的面部表情可能在传达这样的信号：你认为对方无能或咄咄逼人。这不仅会让对方陷入尴尬，还可能让其他成员也对你避之不及。
- 关注"正确的事情"，而不是"谁是正确的"。你不需要在每次争论中都占上风，当你放弃捍卫自己的立场时，反而更容易展开创造性的对话并产生创新的想法。
- 不要容忍团队中存在诋毁他人的情况。当有团队成员在背后受到批评时，其他成员会有以下顾虑："有没有人也说我的坏话？""团队中的其他成员会支持我吗？"

领导者可以采用的技巧如下：

- 勇于承认自己不知道或不理解事情，承认自己也会犯错误。当一个领导者这么做时，团队中的其他人也更容易这么做。
- 密切关注团队成员在发表意见、表达异议、提供反馈、提出问题、承认自己的无知或犯了错误、寻求帮助以及尝试新想法方面的频率。这些都是具有心理安全感的团队才会表现出来的行为，可以把这看成是一次诊断过程。如果你的团队在这些方面做得不够，那么就和团队成员一对一地谈谈，找出原因。
- 请一名团队成员分享他的想法和意见，并在他分享时礼貌回应。有些人，尤其是年轻的团队成员，需要鼓励才能畅所欲言。当他们直言不讳的时候，你给出的反馈将决定他们今后是否会继续这样做。
- 明确团队中不可协商和可协商的内容，即哪些是不能随意改变的，哪些是需要团队成员积极提出意见的。如果团队成员知道哪些话题是禁区，哪些决策是不能更改的，他们就不太可能提出这方面的问题。之后，当你确实需要把话题从这些问题上转移开时，他们会理解你为什么这样做。
- 将更多的注意力放在从错误中学到什么上，而不是放在指责上。关注点以学习为导向，更能让团队成员勇于承认自己的错误，并在充满心理安全感的情况下提出问题。

## 提升集体效能，强化团队共同的信念

4种主要协作类型中的第三种是集体效能。为了理解集体效能，我们可以将其与一些相关概念进行比较（见表4-2）。

虽然心理学家有时会争论自信的确切含义，但我们可以认为它是一种对个人能力的坚定信念，是一种普遍的、可迁移的自我价值感。相比之下，自我效能更为具体。它是一种信念，相信自己可以在特定情况下有效地执行任务以获得预期的结果。自信更为宽泛，比如我相信自己会成功。而自我效能则可以具体到某项任务或某种情况，比如我相信这门化学课我能得 A。

表 4-2　信心和效能的定义

| | 自我 | 团队 |
|---|---|---|
| 信心（普遍的） | 自信：对自我价值的普遍认知以及对自己能力的坚定信念 | 团队潜能：对团队能力的整体信念，即对团队有信心 |
| 效能（具体的） | 自我效能：相信自己能很好地完成某项特定的任务或处理特定的情况 | 集体效能：相信团队能够在特定的任务、使命或情况下取得成功 |

在团队层面，信心与效能的概念也存在相似之处。团队潜能是用来描述团队对其能力的整体信念，相当于团队信心，如团队成员会认为"我们的团队很强大"。集体效能则更加具体，指团队成员相信团队可以很好地完成特定的任务，或者在特定情况或环境下有效地完成任务，持有共同的信念。比如，团队成员会认为"我们的团队有能力在预算范围内按时完成这个项目"。团队潜能和集体效能是团队共同的信念，而不仅仅是个人的信念。

多年来，我们采访了大多数行业的团队成员。在访谈过程中，我们发现很多团队都是由自我效能高（我可以把工作做好），但集体效能低（我不相信我的团队能非常高效）的个体组成的。然而，如果团队成员必须相互依存才能取得成功，那么只有自我效能是不够的。自我效能高、集体效能低的团队往往难以成功。

与信任和心理安全感一样，集体效能是一种基于感知和理解的判断。它是基于团队成员的经验产生的，并且会随着时间和情况的变化而波动。有时，对集体效能的判断可能会被人为夸大或削弱（想象一下一个充满自恋者的团队），但即使这些判断不准确，也会对绩效产生影响。在所有条件相同的情况下，团队的集体效能越高，团队成功的概率就越大。这并不意味着一个缺乏关键能力的团队仅仅因为团队成员自信就会变得高效，但这确实意味着，他们可能比其他能力相同、集体效能较低的团队表现得更好。

## 集体效能使团队更有自主感和韧性

亚历山大·斯塔伊科维奇（Alexander Stajkovic）、李东燮和安东尼·尼伯格（Anthony Nyberg）对基于6 000多个群体数据的近100项研究进行了元分析。他们研究了团队潜能、集体效能和团队绩效之间的关系，发现团队潜能和集体效能都能用于预测团队绩效，但集体效能是更强的预测因子。这说明"我们擅长这个"比"我们很优秀"的信念更有力量。

元分析结果还显示，团队潜能通常需要通过集体效能才能发挥作用。换句话说，对团队的普遍信心是有用的，因为当出现特定情况时，这种信心往往有助于提高集体效能。但是，如果团队潜能不能提升集体效能，例如，我们所面临的特定挑战明显是无法克服的，单凭团队潜能就不太可能给团队带来优势。

斯塔伊科维奇的元分析和斯坦·格利（Stan Gully）及其同事的研究都证实，集体效能在高依存度的团队中更为重要。你可以这样思考，当我独自工作时，我需要的是自我效能。如果我不相信自己能完成好工作，那么我成功的概率就会很低。当我在一个主要涉及独立作业但也需要相互依存的团队中工作时，自我效能仍然相当重要，但集体效能也开始变得重要。随着团队成员之间相互依存度的上升，集体效能变得越来越重要。

有证据表明，集体效能可以提高团队绩效。那么原因是什么呢？集体效能又是如何提升团队绩效的呢？如果你上过心理学课程，那么你可能听说过斯坦福大学的阿尔伯特·班杜拉（Albert Bandura），他是自我效能领域最早且最有影响力的研究者和理论家之一。他的研究工作引发了该领域的一系列研究，这些研究有助于揭示集体效能的重要性及其作用机制。当集体效能高时，我们更有可能：

- 将困难的任务视为挑战，而非不可逾越的障碍。
- 设定更具挑战性的目标。
- 更加努力地学习和执行任务。
- 在情况变得艰难时保持努力。
- 从挫折、失败和失望中恢复过来。

集体效能使团队感到他们能够对环境施加控制或影响，也就是更有自主感，当团队成员缺乏自主感时，他们更容易放弃。

集体效能还能使团队更具韧性。一个韧性强的团队能够承受挑战、外部压力和情绪压力，并从中恢复过来。在过去的几年里，我和同事乔治·阿利吉尔（George Alliger）、贝姬·比尔德（Becky Beard）、克里斯·塞拉索利（Chris Cerasoli）、迪安娜·肯尼迪（Deanna Kennedy）、杰米·利维（Jamie Levy）、约翰·马蒂厄和特拉维斯·梅纳德（Travis Maynard）一起，一直在为NASA和美国陆军研究团队韧性。研究证实了团队韧性的重要性，并且团队成员在一起工作的时间越长，团队韧性与绩效之间的关系就越紧密。团队韧性的强弱取决于团队能力（团队成员是否有足够的技能、人员配备、资源、睡眠时间等来应对挑战）和态度（团队成员是否相信自己已经准备好迎接挑战，并在必要时重整旗鼓）。集体效能之所以在一定程度上提高了绩效，是因为它属于团队韧性中的"态度"部分。

## 提升集体效能的技巧

集体效能能够提高团队的自主性和韧性，所以它可以成为一个团队的竞争优势。以下是提高团队集体效能的几种技巧。

**经常讨论并庆祝团队的成功。** 如果每次团队讨论的焦点都在解决问题上，那么团队就会忘了自己所取得的成功。讨论并庆祝成功可以提高团队潜能和集体效能。

**当面临挑战时，把当前的挑战与团队曾经战胜过的类似挑战联系起来。** 挑战的相似度越高，就越能提高集体效能，反之仍然可以提高团队潜能。

**如果你是管理者，请采取行动提升或开除那些长期表现不佳的团队成员。** 先试着帮助他们提升自己，如果没有效果，就让他们离开。当团队成员看到团队中某些人表现不佳且没有任何改善迹象时，集体效能就会急剧下降。

**当团队能力得到提高时，一定要让所有团队成员都知道。** 例如，当购入更好的设备，获得投资，或者加入了一名具备关键技能的团队成员时，请确保团队成员都明白这些实实在在的改进将如何帮助他们走向成功。

**将注意力集中在团队能够影响或控制的事情上。** 当团队花太多时间讨论他们无法影响或控制的事情时，团队成员就会失去自主感，并可能形成习得性无助。当一些不好的事情发生时，你可以消沉一段时间，但随后必须将团队的注意力转移到"我们能做些什么"上面。当团队成员知道还有其他清除障碍的方案时，他们就会获得一种自主感。

**进行团队复盘，在团队未来应该如何有效应对类似挑战的问题上达成**

一致。这有助于团队成员相信他们有能力解决未来的问题，并提高团队的韧性。

## 加强凝聚力，跨越团队中潜在的鸿沟

4 种主要协作类型的最后一种是凝聚力。你可以将凝聚力看作一种黏合剂，它能促使一个团队保持团结。

研究人员发现，凝聚力比其他协作类型更难定义，但大多数研究人员都认同它至少包含两个组成部分：社会凝聚力和任务凝聚力。社会凝聚力指的是团队成员之间相互依附的人际关系。任务凝聚力指的是团队成员相信团队正在执行的工作很重要，从而积极地投入任务之中。

例如，在 NASA，几乎每个团队都有强烈的任务使命感，因为他们相信自己正在支持一项重要的任务。NASA 的一些团队成员之间也存在一种人际依附关系，但就像大多数组织一样，不同团队之间的社会凝聚力可能存在很大差异。

### 是什么让团队中出现鸿沟

美国弗吉尼亚理工大学教授丹尼尔·比尔（Daniel Beal）与其他几位研究人员进行了一项元分析，发现任务凝聚力和社会凝聚力都与团队绩效呈正相关，其中任务凝聚力的影响更大。两名加拿大研究人员弗郎索瓦·基奥基奥（Francois Chiocchio）和海伦妮·埃西姆布雷（Helene Essiembre）在元分析中也有类似发现。这些研究还表明，与其他协作类型一样，团队成员之间相互依存的程度越高，凝聚力就越重要。

需要注意的是，鸿沟是凝聚力的潜在杀手。研究人员将鸿沟定义为一条假想的分界线，它将一个群体分成两个甚至更多小团体。团队成员由于一些共同特征，比如年龄、性别、种族、教育背景、国籍、职业背景、地理位置等，会与团队中的某些成员产生更紧密的认同感，这就为小团体的形成奠定了基础。例如，我们曾与一家科技公司合作，该公司的团队由来自以色列和其他亚洲国家的成员组成。这些团队有3个潜在的鸿沟：文化差异、地理差异和职能差异（团队中有工程师和客户服务人员）。

鸿沟有时很明显，有时很隐蔽。隐蔽的鸿沟可以被某个事件触发，变得明显并扩大。我列举了一些与鸿沟相关的例子（见表4-3）。

表4-3 与鸿沟相关的例子

| 团队成员类型 | 导致鸿沟的原因 | 鸿沟显现的触发因素 |
| --- | --- | --- |
| 医疗团队中的医生和其他工作人员 | 教育背景 | 护士需要与主治医生交谈的情况 |
| 军事小组中的高级军官和低级军官 | 权威 | 开会时的座位安排（谁坐在代表权力的位置上） |
| 公司的创始家族成员和其他员工 | 家庭关系 | 晋升决策 |
| 团队中较年轻和较年长的成员 | 年龄 | 如何使用科技手段进行交流 |
| 分散在美国和欧洲国家的项目团队成员 | 地理位置 | 决定每周电话会议召开的时间 |

研究表明，当出现以下情况时，鸿沟更容易引发问题：

- 在每个小团体中，成员之间有很强的相似性，而小团体之间也存在很大的差异。
- 团队既不是很大也不是很小。

- 小团体较少（例如，分成 2 个小组通常比分成 3 个小组更不利）。
- 团队成员对经验和观点的多样性的态度不那么开放。

大多数团队都存在潜在的鸿沟。我们的目标不是组建同质化的团队，因为这样会扼杀团队的创造力。相反，我们的目标是确保一个多元化的团队不会被分裂成有内外之分的多个小团体。

## 跨越鸿沟的 4 个提示

如果你担心团队中潜在的鸿沟，作为团队负责人，你需要怎么做呢？根据研究和我们的经验，这里有一些提示供你参考：

- 组建团队时，首先要关注团队需要做什么，需要共同完成什么。团队成立初期对任务需求的关注往往会强调共性，并淡化成员构成上的差异。
- 确定任务需求和角色后，将关注点转向建立和维系成员之间的关系。
- 树立并强调所有团队成员都能实现的共同目标。
- 使用"连接器"。这里的"连接器"是指与团队中两个小团体都有联系的人（例如，曾是工程师的销售人员）。研究表明，即使只有一个"连接器"，也能够帮助团队减少鸿沟带来的有害影响。

TEAMS THAT WORK

# 逐项消灭问题，打造能成事的团队

**问题 1**
**团队成员的心理安全感很低，不愿直言不讳地提出问题或建议：**

- 为了提升团队的心理安全感，当你不理解某事或犯了错误时，要大胆承认，同时鼓励团队成员表达自己的担忧。
- 当团队成员有勇气提出不同意见时，对他们表示感谢，将更多的注意力放在从错误中学习上（下次可以换一种方式来做），而不是指责上（这次你真的搞砸了）。
- 不要容忍团队成员贬低其他成员。当有人在背后指责某个团队成员时，其他成员会怀疑："会有人也这样在背后说我的坏话吗？""团队中的成员会支持我吗？"
- 明确团队中不可协商的事项，即团队成员的哪些意见不会被考虑（例如，这是无法改变的）。否则，当有人提出了一个不可协商的建议时，你拒绝了他，他和其他团队成员可能会错误地得出你不希望他们对任何事情提出意见的结论。要让团队成员清楚地知道，你希望他们能提出意见，除了对于一些不可协商的事项外。

**问题 2**
**团队成员不相信团队能成功，集体效能低：**

- 花时间来回顾和讨论团队取得的成功。想想我们从过往的成就中能学到哪些教训，我们如何在现有成功的基础上再接再厉呢？如果你只把关注点放在发现和解决问题上，那么团队就很容易陷入消极情绪中，感到无法获胜。
- 不仅要庆祝团队中个人的胜利和成就，还要庆祝整个团队的胜利和成就。我们的团队应该以什么为荣呢？
- 不要过度承诺你的团队可以完成的事情。如果你过度承诺，团队成果往往会达不到预期，那么成员便会认为他们缺乏能力，这就容易陷入一个恶性循环：怀疑、业绩不佳、更多的怀疑等。
- 请采取行动来改变或开除那些长期表现不佳的团队成员，否则集体效能会急剧下降。

## 问题 3
### 团队内部的信任度很低：

- 对团队进行培训，让他们了解信任是如何建立的，包括什么会影响信任，哪些行为是重要的，以及审视自己的信任账户的余额。
- 在做出你可能无法兑现的承诺时要非常小心。履行承诺对信任至关重要。当你犯错时（我们每个人都会犯错），要勇于认错，真诚道歉，并避免将来再次犯错。
- 当团队成员帮助你时，要养成感谢他们的习惯。这是一个小举动，但有助于增强信任和凝聚力。有时我们会在心中表达谢意，但不会说出来。一定要确保团队成员知道你感激他们。
- 想要为信任账户加分吗？请采取对他人最有利而不一定对自己最有利的行动，来表明你对他们的关心。如果你总是考虑如何对自己最有利，那么大家会认为你不值得信任。

**问题 4**
**我们的团队可能会分裂成各个小团体或筒仓[①]:**

- 当团队成员由于共同的特征（年龄、资历、文化、性别、种族、教育、国籍、职业或地理位置）而与某些成员走得更近时，鸿沟就开始形成。
- "连接器"通常可以提供帮助。在这种情况下，连接器是指与两个小团体都有共同点的人（例如，曾是工程师的销售人员）。
- 如果是一个全新的团队，首先要关注团队需要做什么，需要共同完成什么。团队成立初期对任务需求的关注往往会强调共性而淡化成员构成上的差异。确定任务需求和角色后，将关注点转向建立和维系成员之间的关系。

---

[①] "筒仓"被用作一个比喻，来形容组织内的部门或团队像独立的农业筒仓一样运作，各自拥有不同的资源和目标，但缺乏沟通和协作。这种运作模式所产生的效果被称为"筒仓效应"。——编者注

# TEAMS THAT WORK

**05**

驱动因素3，协调，
让团队灵活不死板

The Seven Drivers of
Team Effectiveness

坦嫩鲍姆的出差时间比原计划延长了几天,为此他需要添置新的衣服,所以有了下面这一幕。

坦嫩鲍姆到当地的诺斯通商店购买袜子、内衣、几件衬衫和一条裤子。他走到男士内衣区开始挑选内衣,这时一名店员跟了过来,说道:"您好,我叫苏。我能为您做些什么呢?"坦嫩鲍姆告诉她,自己由于出差时间延长,需要买一些东西。苏左右看了看,微笑着低声说道:"您可以随意选购,但我想告诉您,您手里拿的是一个中老年品牌的内衣,我想您应该喜欢更年轻的款式。"坦嫩鲍姆对此表示感谢。然后苏继续说道:"请您把看上的衣服交给我,这样您继续购物时就可以腾出手来了。我带您去看看其他衣服。"

大约10分钟后,坦嫩鲍姆还在挑选衣服。这时,另一名店员走了过来。"您好,我是斯图尔特,刚才是苏在服务您,刚好另一位客户需要她帮忙,所以她把您的需要告诉了我,希望您不要介意。我找到了一些您可能会感兴趣的衣服,您想看看吗?"斯图尔特说道,"另外,我也和裁缝沟通过了,改裤子通常需要几天时间,但他了解到您的情况后,向我保证他今天可以把您选好的所有裤子改好,并送到您入住的酒店。"

在这个例子中,坦嫩鲍姆体验了无缝协调的团队合作,成员之间相互审

## 05 驱动因素3，协调，让团队灵活不死板

视、提供补位和相互适应的行为都清晰地展现了出来。

让我们来对比一下另一种截然不同的购物体验，事情发生在纽约市第五大道一家知名的高档商店里。

坦嫩鲍姆正在挑选一套好看的西装。店员拿了几套漂亮且昂贵的西装给他看，但他看中的那一套太大了，库存中也没有合适的尺码。于是店员对他说："我们从欧洲聘请了最出色的裁缝，他们的手艺出神入化。我带您去见安东尼奥，他是我们最好的裁缝，会帮您量尺寸，做些改动，您穿上一定超级棒。"

坦嫩鲍姆去见了安东尼奥，然而安东尼奥立刻摇摇头，低声咕哝着。他显然有些困扰。于是坦嫩鲍姆问道："安东尼奥，怎么了？"安东尼奥用带有浓重口音的英语说："这不行。这套西装做工极好，布料上乘，穿上去肩膀部分应该严丝合缝才对，但它实在太大了。虽然我可以改动一下，但衣服就不是原来的款式了。"

坦嫩鲍姆把店员叫了过来，店员和安东尼奥在坦嫩鲍姆听不到的地方开始了一场激烈的争论。坦嫩鲍姆不用听就能猜到他们在争论什么。不用说，那天之后，坦嫩鲍姆再没有从这家店里买过任何东西，包括那套西装。

不同于第一个例子，坦嫩鲍姆没有体验到无缝协调的团队合作。店员和安东尼奥没有表现出团队合作行为或建设性的冲突处理方式；相反，他们互相拆台，让彼此与成功"绝缘"。

我们接下来要讨论的内容是协调，或者说有效的团队合作行为。当我们使用"团队合作"这个术语时，通常首先会想到协调。当团队成员只有相互

依存才能完成工作时，团队合作行为就显得相当重要了。

> **能成事的领导者之思**
>
> 1. 你的团队成员如何有效地对队友的需求和可能影响团队的情况保持态势感知？
> 2. 团队成员多大程度上为彼此提供支持或补位？他们能有效地应对挑战吗？
> 3. 团队成员如何处理冲突？他们的方法是更具竞争性（认为"我的想法必须得到采纳"）还是更具合作性（认为"最好的想法应该得到采纳"）？

杰弗里·勒平和他的同事对基于 3 000 多个团队的 138 个研究样本进行了元分析，以检验这些团队的协调能力。他们发现，协调能力更好的团队会表现出一贯的、更高的绩效水平，并且团队满意度更高、凝聚力更强。因此，学习如何更有效地协调对团队来说无疑至关重要。萨拉斯和同事黛安娜·尼科尔斯（Diana Nichols）、吉姆·德里斯克尔（Jim Driskell）对团队培训干预进行了元分析，发现最有效的培训策略是专注于改善团队的协调能力和适应力。

在英国进行的一项研究则阐明了协调对于挽救生命的意义。迪米特里奥斯·斯阿萨库斯（Dimitrios Siassakos）和同事对医疗团队如何处理模拟产科紧急情况（特别是子痫）进行了研究。子痫是患者怀孕期间出现的一种潜在且严重的并发症，而高血压会导致癫痫发作。他们发现，与协调能力不强的团队相比，协调能力更好的医疗团队给患者提供镁的时间要快 2.5 分钟，给病人吸氧的时间快 25 秒。在这种情况下，反应迟缓带来的后果可能是致命的。虽然团队协调并不总是生死攸关，但在医疗案例中，它就可能事关生死！而在其他情况下，团队协调能力可以决定一个项目是否能够按期完成，或者某位客户是否能得到良好的购物体验并成为回头客。

勒平的元分析还显示，当团队成员必须通过相互依存来实现团队目标时，协调变得越来越重要。当然，也有完全独立、几乎不需要考虑协调的极端案例。以詹姆斯为例，他是一位静物画艺术家，专门画果盘。詹姆斯只需要与供货商进行简短的协调，以获得自己需要的画笔、颜料和画布，然后再与艺术品经销商联系，安排出售自己的作品。工作时，他独立作业，自己完成所有的检查和调整工作。如果詹姆斯画的是一个人体模特，就更需要发挥协调能力，但果盘是非常"听话的"，从来不会耽误工作。

相比之下，在一个囊括了制作和表演等环节的戏剧团队中，导演、演员、舞台管理人员和其他参与到这个过程中的人相互依赖，不断地为观众带来精彩的体验。协调对他们的成功而言至关重要。

团队成员之间的相互依存度决定了协调对于团队成功的重要程度。此外，在以下情况下，协调不但重要，而且更具挑战性：

- 团队成员稳定性较低：成员会不断变化。
- 任务一致性较低：任务需求动态且多变。
- 团队成员邻近性较低：团队成员在不同的地点工作。
- 团队相似性较低：团队成员拥有不同领域的专业知识或经验，或使用不同的语言或术语进行交流。

在回顾了大量关于协调的研究，并观察了不同背景下的各种团队后，我们确定了普遍适用且重要的4种团队合作行为。它们是：

- 审视（保持态势感知）：保持对团队内外可能影响团队利益的因素的认知和了解。
- 提供补位或支持：在其他团队成员需要时，为其提供建议、补位或支持。
- 适应：从经验中学习，并做出调整，以满足需求和提高绩效。
- 管理团队情绪和冲突：处理观点不同造成的冲突，管理团队成员的情绪，并采取行动来保持士气。

## 相互审视，加强对团队内外的集体理解

勒平的元分析研究了10种不同类型的团队合作行为，其中一种行为就是审视。研究发现，懂得审视的团队表现出了持续且高水平的团队绩效。这也证实了我们凭直觉就知道的事实：当团队成员保持警惕、觉察和相互关注，并对可能影响团队利益的因素有准确的感知时，团队能更有效地执行任务。

人因学家经常用"态势感知"这个词来表达对可能影响绩效的情况的理解。这个观点的早期支持者之一是迈卡·恩兹利（Mica Endsley），她是首位担任美国空军首席科学家的女性。恩兹莉开发了一个关于态势感知的综合模型和理论，其中涉及感知、理解和投射。

感知是意识到正在发生的事情，它是对环境中的挑战及其他团队成员正在经历的事情保持警觉和适应。理解则是以一种有意义的方式来解释这些事

情。这类似于卡尔·韦克（Karl Weick）论述的意义建构理论。回顾我们所看到的、听到的和经历过的一切，我们该如何解释到底发生了什么？意义建构被视为行动路径上的"中转站"，以向后看的方式来解释发生了什么。而投射则是以向前看的方式，试图预测可能发生的事情，让个人或团队采取适当的行动。

感知、理解和投射可以单独或一起发生。例如，如果我听到了一个我们的竞争对手可能会推出新产品的传言，那只是我个人的感知。当我将这个信息分享给团队的其他成员时，他们会有自己的感知，这就变成了集体感知。当我们一起解读这些信息的含义和潜在影响时，我们就参与了共同理解和集体投射。在团队环境中，共同的态势感知通常会带来更合理的决策和行动，因为通常情况下，即使是领导者也无法完全看到和充分理解正在发生的一切。

有效的审视或态势感知能够帮助团队发起其他协调行为，使团队成员能够提供补位或支持，做出建设性的调整和适应，并有效地管理团队情绪（见图5-1）。在一项对模拟战斗团队的研究中，米歇尔·马克斯（Michelle Marks）和弗雷德里克·潘策尔（Frederick Panzer）证实，审视或态势感知能够促进其他形式的协调，从而提高团队效能。

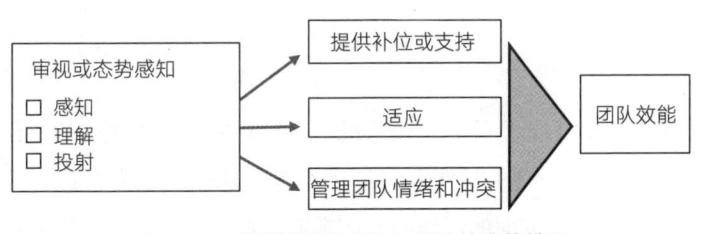

图 5-1 4 种团队合作行为与团队效能的关系

## 如何有效审视

尽管具体细节因团队和环境的差异而有所不同，但一般来说，高效能团队中的成员会审视3个要素：审视团队内其他成员，审视团队绩效，审视团队氛围。以下是一个拥有强大态势感知能力的团队能够回答的问题列表：

- 审视团队内其他成员
    - 其他成员在做什么？他们的感受是什么？
    - 他们在完成自己的工作和相互协调方面的效率如何？
    - 是否有人陷入困境或需要帮助？我要帮助他们吗？
- 审视团队绩效
    - 我们的团队绩效如何？我们的业绩表现是否足够强劲？
    - 我们在哪些方面取得进展，在哪些方面遇到困难？我们做出的调整有效吗？
    - 我们还需要额外注意或调整什么？
- 审视团队氛围
    - 目前有哪些因素会影响到团队表现？接下来我们需要注意什么？
    - 需求、期望、工作量、任务需求、人才需求或资源是否发生了变化？在不久的将来会有新的需求产生吗？
    - 如果团队需要，我们应该做出哪些改变，或者准备做出哪些改变？

平心而论，你不能指望每个团队成员在每时每刻都审视一切。让团队保持这种过度警觉是一种不切实际的期望，并且这样的压力会让大家不堪重负。你能回答以上三方面的问题吗？如果能，那么你所在团队中的审视就是有效的。

审视是一种有益的协调行为，假如没有它，团队成员之间很难提供补位或支持，也很难相互适应。但反过来说，如果只审视而不采取行动，即使为他人提供补位或支持，那也是不够的。

**加强团队态势感知的技巧**

如果你认为团队在态势感知方面可以做得更好，那么你可以通过识别潜在的问题来帮助团队成员加强态势感知：

- 当重要的事情被忽视时，你可能：需要安排时间进行审视和内部检查，需要明确"我们需要关注什么"的期望，需要指定人员关注特定的领域。
- 如果团队成员注意到一些事情，但没有分享他们的观察结果，那么团队可能存在缺乏心理安全感的问题，应该采取我们在前文中建议的一些技巧。
  ◦ 需要确保每个人都知道，当他们察觉到可能影响团队利益的因素时应该与谁沟通。
- 如果你认为团队在解读这些迹象时还能做得更好，那么让团队定期进行"这可能意味着什么"的对话，这样可以促进他们的共同理解。

## 提供补位或支持，让协调更高效

在高效能团队中，你经常会看到团队成员互相提供补位或支持。有时，这是他们必须做的，例如，当领导者指定某成员为其他成员提供补位或支持时。但高效能团队中的补位或支持一般是自发的，由团队成员自发产生和响应，无须正式提出请求。

补位或支持的形式多样，比如，提供建议或反馈，帮助其他成员更有效地执行任务；在团队成员处理任务时，以及当其他成员超负荷工作或者无法分身时，帮助或代替他们完成某个任务。

在前文诺斯通商店的例子中，我们看到了两名店员之间有效的补位或支持行为。在正确的时间寻求和提供补位或支持，是团队效能的两个关键。那么，我们对补位或支持了解多少呢？

某人是否愿意为其他团队成员提供补位或支持，一般取决于3个因素：

- 审视，即"我是否能够意识到你可能需要补位或支持"。
- 预期，即"我是否觉得我应该提供补位或支持，并且我也愿意提供"。
- 能力，即"我是否有能力和时间来为别人提供建设性补位或支持"。

是否有人会以类似的方式寻求帮助，一般也取决于这3个因素：

- 审视，即"我是否意识到我可能需要帮助"。
- 预期，即"我是否认为寻求帮助是可以接受的"。
- 能力，即"我是否知道谁具备相应的能力来为我提供帮助"。

审视、预期、能力，这3个因素中缺少任何一个都可能导致不作为或无效的补位或支持。坦嫩鲍姆就遇到过一个相当极端的例子。坦嫩鲍姆原计划乘坐短途通勤航班从纽约州奥尔巴尼飞往马萨诸塞州波士顿。他西装革履地来到机场，然后走向登机口，这时还有其他8名乘客在那里候机。航班出现了延误，乘客们开始交谈起来。从聊天中，大家（包括一直站在登机口的飞行员）都清楚地知道，坦嫩鲍姆不是飞行员，也不是航空公司的员工，只是一个飞往波士顿开会的商务人士。最后，身穿制服的飞行员告诉大家，他们已经准备好出发了，并把乘客带上一架小型螺旋桨飞机，上面仅能乘坐 10 人，没有副驾驶或空乘人员。登机时，坦嫩鲍姆问飞行员："我可以坐前面驾驶舱的位置吗？"出乎意料的是，飞行员竟然回答道："没问题。"

假如你是其中一名乘客，你在候机楼和坦嫩鲍姆聊过，知道他不是飞行员。现在他坐在驾驶舱里，如果飞行员心脏病发作，你相信他能提供有效的补位或支持吗？坦嫩鲍姆坐在距离飞行员半米远的位置上，留意着飞行员的一举一动。他似乎很乐意帮忙，因为飞行员一直在说"不要碰那个"之类的话。但他显然没有能力为飞行员提供补位或支持（迄今为止，他的所有飞行经验仅限于遥控并搞毁了一架 F-16 喷气式飞机模型）。尽管他仔细地审视着，并且非常愿意提供帮助，但在这种情况下，我们不会期望坦嫩鲍姆能提供补位或支持，因为他缺乏必要的能力。

## 什么因素会影响补位或支持的有效性

当你和团队的其他成员拥有相似的技能、工作语言和职责时，就更容易为他们提供补位或支持。拥有共同的观点和技能可以消除提供补位或支持的潜在障碍。例如，当一名服务员注意到为你服务的同事正在另一桌忙碌时，她会过来向你介绍当晚的特色菜。由于她与之前为你服务的同事掌握了共同的知识，所以她能轻而易举地做到这一点。如果她还有强烈的集体导向，那么她就更有可能这样做，因为她会为团队着想而不仅仅只考虑自己。

我们还发现，当团队成员彼此熟悉时，补位或支持会更自然地发生。萨拉斯和我们的同事金·史密斯-耶特斯（Kim Smith-Jentsch）、库尔特·克里格（Kurt Kraiger）和简·坎农-鲍尔斯（Jan Cannon-Bowers）对空中交通管制员进行了研究。毫无疑问，我们非常希望空中交通管制人员能避免犯错。我们希望他们在超负荷工作时能寻求支持，并在发现潜在问题时能迅速补位。在这项研究中，研究人员对 51 个商业空中交通管制团队进行了调查，发现与一起工作时间较短的团队相比，在一起工作时间更长的团队会更频繁地寻求和接受彼此的支持。出现这种结果的部分原因是，当有特殊需要时，合作时间较长的团队中的空中交通管制员知道该向谁求助。知道团队中谁拥有哪些知识和专长被称为交互记忆，我们将在后文进一步探讨这一点。我们还将探讨，为什么一些团队成员可以在不交谈的情况下，互相提供无缝的补位或支持。

我们都认同补位或支持的潜在价值。我们希望当外科医生在手术中需要某些东西时，护士或手术技术员能快速响应。我们希望有人帮助不堪重负的空中交通管制员，他正在引导我们的飞机进入繁忙的机场。但是我们不能因此忽视补位或支持的负面影响。由克里斯·巴恩斯（Chris Barnes）领导的一组研究人员进行了一系列的实验室研究，探讨了提供补位或支持的潜在成本。

研究人员发现，补位或支持通常对接受帮助的人是有益的。然而，经常接受帮助的成员可能会逐渐减少自身的工作量。在某些情况下，频繁的帮助可能会导致团队成员的社会惰化，因为他们会认为只要有需要就会有人来提供帮助。此外，有时帮助别人会导致团队成员忽视本职工作。提供支持的成员会发现，当工作量平均分配，且团队中的每个人都很忙时，花时间帮助别人可能会导致自己的工作出错。而当工作分配不均，且有人有时间提供帮助时，最容易发生补位或支持行为。总的来说，你应该鼓励并让团队成员准备好互相补位或支持，但你也应该警惕出现意想不到的后果。

### 改善补位或支持行为的技巧

如果团队成员因为期望不明确，或者队友之间不太了解彼此，而不愿意提供补位或支持，那么：

## 05 驱动因素3,协调,让团队灵活不死板

- 阐明你希望团队成员相互补位或支持的情况。
- 当你看到有人需要补位或支持时,积极引导他人提供帮助。
- 对提供补位或支持的团队成员表示感谢。

如果团队成员不清楚什么时间或者哪些方面需要补位或支持,那么进行团队协调分析,并回答以下问题:

- 谁可能需要补位或支持?需要什么样的补位或支持?
- 谁应该提供帮助,他们是应该提供建议、积极的支持,还是补位?
- 他们有技能和能力提供补位或支持吗?如果没有,如何让他们做好准备?

如果团队成员由于缺乏相关技能而无法主动提供补位或支持,或由于团队缺乏具备相关技能的人而导致成员不寻求补位或支持,那么:

- 进行有针对性的交叉培训,即培训另一名团队成员,使其能够完成另一项工作的一部分或全部。

如果团队成员不主动提供补位或支持是因为他们缺乏动力,那么:

- 改变有关奖励和表彰的政策。你是否无意中传达了这样的信息:做好自己的工作才是最重要的。当团队成员互相提供补位或支持时,你是否进行了表彰?
- 当你雇用新的团队成员时,要选那些具有强烈集体导向的人,他们更有可能自发地提供补位或支持,并有助于改变团队原有规范。

如果团队成员在需要补位或支持的时候不去寻求,那么:

- 找出他们不愿意寻求补位或支持或因寻求补位或支持而感到不舒服的原因。
- 了解寻求帮助的后果。缺乏寻求补位或支持的意愿可能是心理安全感不足的再次体现！

## 强化适应力，确保团队灵活性

高效能团队很少在第一天就表现得很出色。他们通过保持自我觉察、不断学习和调整而变得优秀。因为我们所处的社会环境是动态变化的，所以适应力对于任何团队来说都是必不可少的。我们不需要说服你相信团队适应力的重要性，但请记住，最有效的团队培训方法就是帮助团队成员有效地适应各种情况，无法适应则可能会导致可怕的后果。

美国的"9·11"袭击事件就是一个灾难性的例子，说明了团队无法适应变化会导致什么后果。"9·11"调查委员会的报告明确指出，情报部门未能适应不断变化的威胁。尽管出现了预警信号，但各情报小组仍致力于防范强大的政府对手，而不是防范更为灵活的恐怖主义行动。没有人能证明"9·11"袭击是否可以避免，但调查委员会得出的结论是，无法适应变化是情报部门失败的原因之一。

团队可以做到灵活多变，以适应各种状况。诺斯通商店的店员斯图尔特发现苏需要补位或支持时马上就做出调整。你可能对团队上周所做的适应或调整还记忆犹新。我们发现两种强化团队适应力的方式，这两种方式都是从有效的审视开始的。

**有些适应力是由某些事件驱动的。**例如，在一个医疗案例中，当患者在常规手术中出现意外情况时，团队需要意识到发生了什么，并从常规模式切换到紧急模式。这是一个实时的、事件驱动的团队适应力的例子。当团队经历非常规事件，并需要快速、即时地进行调整时，这种适应情况就会发生。一个实时的需求出现了，团队察觉到这个需求，并对正在发生的事情进行解读，预测接下来可能发生的事情，决定是否进行调整以解决这一需求。一个实时的调整可能是快速重新确定优先事项，将更多（或更少）的资源或注意力投入某项任务中，快速解决问题、为某人提供补位或支持、转换角色、启动不同的程序等等。

**有些适应力是通过复盘来驱动的，源于对差距的认识、环境变化或仅仅是团队能够比过去表现更好的意识。**适应力可以表现为流程改善、战略或某项计划的改变、创新的引入或只是基于对过去的回顾，然后对团队成员如何一起工作进行有针对性的调整。你可以将这些调整看作复盘和学习驱动的适应力。米凯拉·席佩斯（Michaela Schippers）、迈克尔·韦斯特（Michael West）和杰里米·道森（Jeremy Dawson）研究了英国98个初级医疗团队，发现对其工作流程公开进行复盘的团队，表现出更高的创新能力，尤其是在具有挑战性的工作环境中。

有些团队在动态多变的环境中运作，需要根据变化实时调整。例如，作战部队必须不断适应随时变化的环境。有些团队则是在更为稳定的环境中运作，例如，生产制造线上的团队。不管怎样，高效能团队会在需要时同时表现出实时的、事件驱动的适应力以及复盘和学习驱动的适应力。杰西卡·克里斯蒂安（Jessica Christian）与来自北卡罗来纳大学和佐治亚大学的同行完成了一项团队适应力表现的元分析，发现经历过特定刺激作用（如事件驱动）的团队和经历过学习行为（如复盘驱动）的团队都表现得更好。

那么团队适应力是如何发挥作用的呢？以下是我们的一些研究成果。

能成事的团队
Teams That Work

## 挑战各不相同，但过程相似

面对不同类型的挑战，团队会采取不同的应对方式。目前，我们正研究在孤立、封闭的环境中生活和工作的团队如何适应挑战。我们研究了深海潜水队如何适应挑战。这些团队负责在海面下几百米的地方安装和维修设备。他们每次执行任务都要在一个小型高压氧舱里生活 28 天左右，工作时则离开高压氧舱，以 8 小时轮班的方式在一个潜水钟里进行作业。此外，NASA 开展了一个名为 HI-SEAS 的夏威夷太空探险模拟项目，我们则对在孤立、封闭的栖息地上生活和开展科研的团队的适应行为进行了研究。一旦 HI-SEAS 团队进入栖息地，他们会在那里逗留 8 个月，并穿着防护服在栖息地附近执行任务。同时，我们还一直对生活和工作在 NASA 一个名为 HERA 的小型栖息地的团队进行研究，该栖息地模拟了火星上的生存环境。HERA 团队会执行长达数月的任务，其任务设计与未来宇航员团队将在火星上执行的任务类似。

在这些孤立的环境中，团队需要经受的挑战与在企业环境中的大不相同。例如，深海团队、HI-SEAS 团队和 HERA 团队都在一个狭小的空间里共同工作和生活，他们必须适应你在大学共用宿舍时可能遇到的一些挑战。如果团队中的其他成员和你在卫生、噪声或隐私方面有不同的习惯，你要怎么适应？另一个极端是，深海潜水队还面临一些挑战，如果任务持续时间过长，可能会危及生命。

尽管存在差异，但极端条件下的团队和典型的企业团队有着相似的基础。他们保持态势感知，了解正在发生的事情，识别何时需要适应，根据情况及时进行调整，定期复盘工作，从而使团队变得更加高效。

## 领导者的一些行为会产生很大的影响

领导者能够极大地影响团队是否适应以及如何适应。研究表明，当领导者为团队赋能时，团队的学习效果会更好。中佛罗里达大学的肖恩·伯克（Shawn Burke）和同事进行的元分析证实了这一点。在我们与团队合作的过程中，经常会看到微管理或不愿给团队赋能的领导者抑制了团队的学习力和适应力。

虽然赋能很重要，但我们建议领导者一定要让团队成员知道他们鼓励适应哪些方面，不接受在哪些方面随意调整。赋能很少是没有限制的，了解边界才能实现真正的赋能。当团队领导者没有明确说明不可协商的条件时，团队成员可能会做出领导者不可接受的调整，从而在不经意间使团队陷入麻烦。当这种情况发生时，整个团队可能会错误地认为领导者不允许他们调整和创新。

在这里，我们必须强调心理安全感在团队适应力中所起的核心作用。为什么登山队没有调整他们的计划，以应对在攀登喜马拉雅山过程中不断恶化且致命的天气状况？正是由于团队领导者没有帮助团队成员建立心理安全感。领导者建立心理安全感的行动可以为后续团队适应力的发挥奠定基础。

## 过度一致会破坏适应力

每个人都希望团队中都是相处愉快的人，但要注意团队不需要有太多的一致性。有时，团队成员需要问：为什么我们还在以同样的方式做事？团队需要敢于挑战现状并提出调整建议的人。我们注意到，一些长期的、非常成功的团队内部很难产生不同的观点。例如，我们曾经与一个董事会合作，他们有10年没有发生人事变动了。董事会成员形成了相当同质化的观念，很少有人提出不同的观点。该组织正在蓬勃发展，但我们认为，任何重大的组织调整都应该由管理团队，而不是董事会来决定。不过董事会最近开始意识到了这个问题，并开始讨论董事会成员继任的做法，以避免组织的发展停滞不前。

**学习可以提升团队适应力，但过分强调学习可能是有问题的。** 学习导向是一种更重视提高能力而不是避免失败的导向。一般来说，学习导向更强的团队，应该更愿意尝试新事物。例如，勒平发现，拥有强烈学习导向的团队成员，更有可能适应不断变化的情况。但 J. 斯图尔特·邦德森（J. Stuart Bunderson）、凯瑟琳·萨特克列弗（Kathleen Sutcliffe）等几位团队管理方面的研究人员发现，过分强调团队学习可能会导致对流程的过度关注，从而损害短期绩效。我们认为这是可能的，但根据我们的经验，团队一般更有可能低估学习的重要性而不是过分强调，特别是当团队成员很忙的时候，容易被截止日期和待办事项清单所困，并继续盲目向前推进工作，而一些有针对性的复盘能够让团队更明智地应对挑战。

**团队回顾是提升团队适应力的简单、强大且高效的工具。** 团队回顾是促进团队复盘和调整的一种行之有效的方法。在团队回顾中，团队成员对最近的经历或他们如何协作进行复盘。他们会讨论发生了什么，并发现问题和需要改进的地方，确认任务是否成功，然后就未来将进行的调整达成共识。回顾可以是一次 10 分钟的快速回顾，也可以是在项目完成后进行的一次半天的详细复盘。

团队回顾领域的研究清晰且令人信服，所有团队都应该花时间进行定期回顾，以加速学习、适应并提高团队绩效。坦嫩鲍姆和他的同事克里斯·伽拉佐利（Chris Cerasoli）的一篇元分析表明，进行回顾的团队比其他团队的绩效平均高出 20%！坦嫩鲍姆、珍舒琪和斯科特·本森（Scott Benson）为美国海军进行的一项研究显示,由接受过有效团队回顾训练的领导者带领的团队比其他团队的绩效高出40%。原因在于回顾能够帮助团队随着时间的推移进行调整和自我纠正。

我们和各种各样的团队做过回顾,例如,制作薯片和其他零食的制造团队,动辄做出数十亿美元商业决策的高层领导团队,影响病人生死的医疗团队,军事团队(第一个接受事后评估概念的团队),甚至训练中的宇航员。如果操作得当,所有团队都会发现回顾是一种积极的体验。团队回顾非常有效,并且备受好评,所以我们强烈建议你的团队也这么做。

丹·麦克法兰(Dan McFarland)曾执教苏格兰国家橄榄球队,现在是爱尔兰阿尔斯特橄榄球队的教练。他是一个深思熟虑的团队科学实践者,一直使用不同形式的团队回顾来帮助球队准备国际比赛,并在实践中不断完善团队回顾的方法。麦克法兰特别专注于如何确保球员在回顾过程中能够积极参与,而不是被动地听教练怎么讲。他告诉我们:"在比赛或训练中,我可以看到他们在做什么,但只有他们自己的感受才是最真切的。"如果我们想从经验中学习并继续提升,每个人都需要分享自己的看法。

在本书附录的工具部分,有一组进行有效复盘的详细提示,以及用于组织一场团队快速复盘的会议大纲可供参考。

## 管理团队中的情绪和冲突,时刻把握团队动向

管理团队情绪和冲突也是一种重要的团队合作行为。这需要一种特定类型的审视,即你要密切关注团队成员,并定期了解团队的整体情况。比如,乔最近的感受如何?这支队伍是处于上升还是下滑状态?谁需要额外的关

注？团队出现了哪种类型的分歧，我们是否建设性地予以解决？我们将重点关注最后一个问题，并探讨如何有效地处理团队冲突。

冲突本质上没有好坏之分。但一方面，如果处理不当，就会使团队成员产生负面情绪，挫伤团队士气，降低团队绩效；另一方面，如果团队成员之间从不出现冲突，那么这个团队可能缺乏足够的创新能力或适应力。冲突也可能是问题发生的征兆。团队领导者需要正确指导和妥善处理冲突来维持团队长期的高效。

目前，有大量关于冲突的研究，可以指导我们将冲突的破坏性转化为建设性。

## 冲突如何影响团队绩效

当一名或多名团队成员发现其他成员反对自己的利益或观点时，无论表达方式礼貌与否，团队冲突都会产生。所有的团队都会经历冲突，但冲突的类型各不相同。研究人员将冲突分为任务冲突（与工作内容和结果有关）、人际冲突（与个人问题有关）和过程冲突（与工作安排有关，例如，某个特定的任务被安排给了某人）。墨尔本大学和加州大学伯克利分校的教授卡伦·耶恩（Karen Jehn）和珍妮弗·查特曼（Jennifer Chatman）研究发现，与绩效较差的团队相比，在绩效较好的团队中，任务冲突更多。她们还发现，当团队成员对团队中的冲突感知程度不同时，麻烦就会接踵而至。比如，如果我认为不存在冲突，而你却认为冲突明显存在，那么我们就不可能有效地处理冲突。

不同类型的冲突对团队绩效的影响各不相同。莱顿大学的弗兰克·德·威特（Frank de Wit）、阿姆斯特丹大学的琳德丽德·格里尔（Lindred Greer）和卡伦·耶恩（Karen Jehn）对团队冲突研究进行了元分析。该分析综合了基

05 驱动因素3，协调，让团队灵活不死板

于8 800多个团队数据的116项研究的结果，分析结果发表在《应用心理学杂志》（*Journal of Applied Psychology*）上。他们发现，当团队经历较多的人际冲突或过程冲突时，团队绩效会处于较低水平。但任务冲突不一定会降低团队绩效，有时甚至是有益的。那么决定任务冲突是否具有建设性的影响因素是什么呢？

团队成员的心理安全感很重要。心理安全感是团队成员之间的共同信念，它让人们能在不被惩罚、排斥或感到尴尬的情况下，敢于承担一些人际风险并畅所欲言。俄克拉荷马大学的布莱特·布拉德利（Bret Bradley）和他的同事对117个项目团队进行了研究，发现心理安全感是任务冲突影响团队绩效的主要因素。研究结果表明，当团队心理安全感较高时，任务冲突通常会促进绩效。因为如果团队成员觉得畅所欲言是安全的，就会坦率地就工作问题提出不同意见，并做出有效的调整。反之，如果表达不同的意见会引来对抗性的回应，不仅会让团队成员感觉很糟糕，还会影响团队绩效。

团队的构成很重要。布拉德利和他的研究小组还研究了团队成员的性格如何对任务冲突产生有益影响。他们发现，由"经历开放性"或"情绪稳定性"（心理学五大人格中的两大因素）方面得分较高的个体组成的团队，会从任务冲突中受益，而由在这些因素上得分较低的个体组成的团队，则会受到任务冲突的不利影响。这项研究结果表明，对于具有经历开放性和情绪稳定性成员的团队，大量的任务冲突可能会带来高水平的团队绩效。有些团队聚集了一帮天生就善于建设性地处理任务冲突的人。虽然研究表明，相似的个体组成的团队很容易合作，但中佛罗里达大学的克林特·鲍尔斯（Clint Bowers）和他的同事发现，当团队在处理复杂任务时，成员过于相似也是一个问题。经验和观点的多样性对处理复杂任务是有帮助的。

异见分子的地位很重要。阿姆斯特丹大学的纳莱·莱曼（Nale Lehmann）

和香港教育大学的邱明对团队会议中出现的近 900 个分歧进行了详细分析。他们逐字逐句地研究了这些对话，发现由地位较高的人引发的分歧更有可能导致后续的妥协，部分原因是地位较低的团队成员更有可能屈从。这就是为什么如果想让团队就一个问题进行有效讨论，那么团队领导者应避免第一个提出自己的观点，这一点很重要。他们还发现一个有趣的现象，如果前面的发言人笑了，那么后续出现冲突的可能性则会降低 35%。

处理冲突的方式很重要。当冲突出现时，团队如何互动决定了任务冲突最终是建设性的还是破坏性的。莱斯利·德丘奇（Leslie DeChurch）、杰茜卡·梅斯梅尔·马格努斯（Jessica Mesmer-Magnus）和丹·多蒂（Dan Doty）对基于 3 000 多个团队的 45 项研究进行了元分析。他们发现，团队处理冲突的方式可能比冲突的内容更加重要。通过竞争（每个人都为自己的想法能得到重视而进行游说）或逃避来处理冲突的团队，都可能会遭受损失。相比之下，为获得最好的想法，以合作或开放的方式来处理冲突的团队，更有可能从冲突中受益。发现问题，公开讨论问题，建设性地质疑解决方案的可行性，并整合想法，可以带来更好的结果。

## 管理冲突的提示

我们合作过的每一个高效能团队都存在冲突。冲突无处不在，为此我们提出了 10 条管理冲突的提示，可供团队领导者参考。

**认识到冲突是很正常的。** 对于团队来说，避免冲突既不可行也不健康，因为团队成员总是会有不同的意见。他们会对任务、如何分配任务以及其他成员都有不同的看法，甚至天生就会对某些人更有好感。冲突一定会发生，但它并不意味着失败，压制它也不可行。因为冲突并不会消失，即使你选择无视它，团队效能还是会受到影响。

**花时间解决团队成员之间的人际冲突**。研究表明，人际冲突会损害团队绩效。如果不加以控制，它们还会侵蚀团队成员的心理安全感，从而让团队成员难以在工作问题上产生具有建设性的冲突。一位团队领导者曾告诉我们，他团队中的两个成员之间持续不断的冲突与他无关。我们给他的建议是：这一冲突会影响到整个团队，所以，虽然他可以选择无视，但这仍然是需要他解决的问题。

**有些冲突最好私下处理**。当两名团队成员发生人际冲突时，通常应该私下解决。如果冲突是在团队环境中出现的，那么可以先找时间单独和每个当事人谈谈，然后再和双方一起聊聊，千万不要当着整个团队的面处理。在团队心理安全感较高的情况下，整个团队可以一起讨论任务冲突。

**提出担忧并进行讨论**。冲突的出现有时是因为小问题没有得到控制，在它们被刺激并变成更大的问题之前，和你的团队成员谈一谈。在我们与NASA合作的研究中发现，在团队潜在的刺激因素（对团队成员来说，是关于隐私、睡眠和饮食等相关问题）成为冲突之前，帮助他们发现并安排讨论，可以避免任务后期出现问题。建立一种公开确认并探讨问题的机制，这些冲突反而可以帮助提升团队绩效。

**为建立心理安全感做好储备**。团队领导者在很大程度上影响着团队的心理安全感。如果你是领导者，那么一定要为团队定下正确的基调。如何做到呢？当团队成员提出不同的意见时，感谢他说出自己的意见，并鼓励其他成员也提出自己的意见；当你不同意别人的意见时，要提供建设性反馈，为如何有效地提出异议树立榜样；承认自己的担忧或不足，让团队成员也能轻松地说出他们的担忧或不足。想知道抑制团队发展最简单的方法吗？那就是惩罚那些发表不同意见的人。

**对冲突进行界定，使其与工作相关，而与个人无关**。与人相关的冲突就是人际冲突，会损害团队绩效。你可以对一个人在工作上的想法持相反意见，但不能反对提出这个想法的人。

**认识到过程冲突是有代价的**。研究表明，过程冲突（例如，不同意工作分配）与团队绩效呈负相关。有时领导者可能需要以一种不受欢迎的方式来分配或安排工作。这是领导工作的一部分，但团队成员可能不会简单地认为这只是一个公司决策，而会认为这是领导者的个人行为。因此，如果你是领导者，那么请花时间向可能会感到被忽视的团队成员解释你的理由，并确保他们至少觉得自己的想法得到了关注。

**明智地挑选团队成员**。当你招聘新员工时，选择那些思维开阔和情绪稳定的人。这样做可以给团队带来工作上的不同观点，从而改善团队绩效。

**了解你的团队**。有些人会比其他人更适应冲突，不同地方的人之间也存在文化差异，不同国家对于在团队中表达想法有不同的文化规范，甚至在一个国家内部也可能存在差异。在美国，我们在中西部组织了一个会议，那里的人们非常友善，都不太喜欢冲突；然后我们去纽约参加了一个会议，那里的人则很愿意表达不同意见，虽然这些意见不一定总是具有建设性。作为领导者，要了解团队成员的偏好，并根据需要，鼓励他们畅所欲言，并指导他们，让他们的意见变得更具建设性。

**了解自己的倾向**。你如何看待冲突？本书的两位作者都很喜欢任务冲突，如果你看到我们两人就本书的某些方面展开辩论的场景，你可能会笑出声。虽然我们相信自己在团队中推动了具有建设性的摩擦，但并不是每个人都这么认为。了解自己的倾向，可以让你适当地调整任务冲突。

TEAMS THAT WORK

# 逐项消灭问题，打造能成事的团队

**问题 1**
**我们在学习和适应方面做得不够好：**

- 定期组织团队复盘。这并不需要间隔很长时间，不需要等到发生里程碑式的事件或项目结束后才做复盘。讨论一下团队是如何一起合作的，哪些方面进展顺利，以及哪些方面可以做得更好。就团队中的任何改变达成一致意见。
- 鼓励团队成员对新的想法和做事方式保持开放态度，让他们能够畅所欲言，问他们："有人有什么新的想法吗？大家可以一起探讨一下。"

**问题 2**
**我们不能很好地处理分歧和冲突：**

- 确保每个团队成员都理解协作性冲突的含义，其目标是集体合力寻求最佳解决方案，而不是只顾着推动个人的想法。例如，如果你发现自己总是重复自己的观点，并执着于自己的观点，而不是寻找别人的观点中的潜在价值，那么你就陷入了竞争性冲突。你可以尝试找到一种方法，把另一种观点整合到自己的建议中。有时，最好的解决方案总是结合了不同观点。

- 考虑任命一个"魔鬼代言人",即使在认同对方的时候,他们也能提出一些不同的观点。这个角色可以轮换,这样做主要是传递一个信息:团队中允许存在异议。

问题 3
**我们的团队会议效率低下:**

- 一个高效的团队会议可以促进后续的团队协调工作,但开会的频率必须适当。考虑一下会议是否太频繁(例如,感觉有很多多余的会议)或太少(例如,应该通过会议讨论的事情在开会前就讨论完了),据此来调整时间表。
- 确保会议组织得井井有条,制订会议议程和目标,尽可能提前分享一些相关信息,并征求参与者的意见。
- 在会议结束时,总结关键决策和行动计划(包括谁负责什么以及完成期限),确保每个人都清楚地了解这些内容,并让与会者有提问的机会。最好能以书面形式记录这些内容,并在会议结束后分发给团队成员。
- 对不能参加会议的团队成员将如何跟上进度有明确的安排。
- 偶尔抽出 15 分钟来讨论如何才能让会议更有效,可以提出这样的问题:"我们的讨论是否涵盖了正确的主题?""我们开会的频率是否合适?""我们是否合理地利用会议时间(例如,我们是否应该少分享新的内容,更多地聚焦在解决问题上)?"

# TEAMS THAT WORK

## 06

驱动因素 4,沟通,
质量比频次更重要

The Seven Drivers of
Team Effectiveness

## 能成事的团队
Teams That Work

乔·卢布松（Joel Rubuchon）2018年去世时，仍是世界上获得米其林星星最多的厨师。如果你从未去过他担任主厨的米高梅大酒店 L'Atelier 餐厅，那么你可以去看看。

在那里，你不仅会享用一顿佳肴，并且如果你仔细留意，你还能收集到一些关于团队合作和沟通的有趣见解。

在平常的夜晚，L'Atelier 餐厅都是非常忙碌的。某天晚上，餐厅座无虚席。这家餐厅有着良好声誉，每位来此用餐和聚会的客人都渴望享用一顿无可挑剔的晚宴，多道精心设计的菜肴配上不同的葡萄酒，准时上桌。

餐饮团队必须协调许多环节，以满足客户极高的期待。有趣的是，尽管事情不断，厨房却出奇地安静，没有多余的对话，有的只是轻声细语且有针对性的请求和确认，以及偶尔由厨房催餐员轻轻敲响的铃声。

整个晚上，团队成员都密切关注着彼此，经常会走过去帮助其他人完成任务，比如擦拭盘子边缘，或为某道菜品添加装饰菜，以保证工作的顺利进行和高水准的服务质量。团队成员对于自己在何时需要做什么似乎没有明确的模式可以遵循，他们会根据需要，进行细微的实时调整。

## 06 驱动因素 4，沟通，质量比频次更重要

深夜时分，餐厅迎来了一个热闹的 6 人聚会，这 6 位客人提出了一个不同寻常的要求，这使工作人员无法通过惯常的安静协调方式来处理问题。这个特殊要求是在菜品上加入大量白松露刨花，这是菜谱里没有的。白松露很贵，而这桌客人看起来很重要，那么这个团队会如何应对呢？

他们中的一些人迅速聚在一起进行头脑风暴，集思广益。不管他们在团队中的角色是什么，那些看起来经验丰富的专业人士都加入了这场讨论，其中一位非常了解白松露的人在谈话中占了主导地位。突然，有团队成员向一个人招了招手，一位西装革履的绅士马上加入他们的讨论。我们开玩笑说，这应该是他们的会计来帮忙计算价格了。

团队找到解决方案后，先确认了每个人都理解相关的计划安排，然后迅速进入执行模式，刮松露并制作菜肴。厨房又恢复到安静且高效的状态。

这个餐饮团队展现出一个训练有素、协调一致的高效能团队是如何进行沟通的。请注意，他们在执行日常任务时就进行了有效的沟通（沟通并不是越多越好），并能在客人提出非常规要求时意识到需要快速改变沟通方式（聚在一起并加强沟通），倾听能够提供独特信息的团队成员的意见以应对挑战，在必要时向团队之外的人寻找帮助，以获得额外的专业信息（跨界沟通），并确认每个人都理解该计划（沟通闭环）。接下来，我们将进一步探讨关于沟通的方方面面，并揭示一些最常见的沟通风险。

我们将会讨论如何通过沟通，或者说通过信息和知识共享，来实现团队的高绩效。虽然沟通对于有效的团队合作至关重要，但仅仅告诉团队成员"要多沟通"并不足以实现这一目标。在沟通方面，质量比数量更重要。

> **能成事的领导者之思**
>
> 1. 你的团队成员之间的沟通情况如何？
> 2. 他们是否充分沟通？沟通频率是否太高？
> 3. 他们是否彼此共享独特信息？
> 4. 他们面临的最大沟通风险是什么？
> 5. 他们与团队外部人员的沟通情况如何？

团队领导者最普遍的需求之一，就是希望我们帮助他们的团队提高沟通能力。在一些团队领导者眼中，沟通和团队合作几乎没什么区别。他们认为只要团队成员能更多地沟通，团队绩效就会得到奇迹般的提高。然而关于沟通，真实的研究会告诉我们什么呢？沟通真的能提高团队绩效吗？如果能，这又是如何实现的呢？

我们都知道，沟通障碍会让团队变得脆弱。这一点在医疗系统中尤为明显。希望你永远不要经历"严重医疗事件"，这是一种导致患者死亡或严重伤害的意外事件，与患者的自然病程无关。美国医疗机构评审联合委员会——一个提倡对患者使用安全措施、对医疗系统绩效进行衡量和提出公共政策建议的机构，审查了所有报告的严重医疗事件。他们发现，从1995年到2005年，沟通问题是造成近2/3事件发生的根本原因，从2010年到2013年，沟通问题仍然是导致严重医疗事件的主要原因之一。沟通在医疗系统中显然至关重要。

托马斯·埃里克·邓肯（Thomas Eric Duncan）是第一个被诊断出感染

埃博拉病毒的美国人，这是一个因忽视和中断沟通而导致可怕后果的例子。在这个案例中，急诊室护士依照美国疾病控制与预防中心提供的检查清单，来检查病人是否存在感染埃博拉病毒的风险。与病例相关的线索表明，邓肯有感染埃博拉病毒的风险。尽管护士及时记录下这一信息，但她没有将信息传达给团队的其他成员。结果，邓肯只是接受了普通的胃部病毒感染方面的治疗，错过了早期诊断和遏制病毒蔓延的机会。

2012年初，"歌诗达协和"号（简称"协和"号）邮轮在意大利海岸附近触礁沉没，而沟通不畅是造成此次人员伤亡的重要原因。在那天出现的众多错误中，至少有3个与沟通不畅直接相关。首先，舰桥上的船员没有提醒船长他们离海岸太近了（未能大声说出来）；第二，"协和"号触礁后，当意大利海岸警卫队的格雷格里奥·德法尔科（Gregorio DeFalco）给"协和"号的驾驶台打电话时，船上的官员告诉德法尔科"没关系，这只是一个技术问题"（未能分享关于问题的独特信息）；第三，向船员和乘客发出的疏散通知被不必要地拖延，导致当时船只倾斜过于严重，无法成功部署救生艇（未能及时沟通）。与许多失败的团队一样，沟通并不是唯一的问题。"协和"号上的大多数工作人员都是演职人员或服务人员，不是有资质的水手，而乘客也没有接受过任何安全培训，因此人员能力不足也是疏散时导致灾难性后果的原因。

我们将"协和"号的悲剧与2009年1月15日的美国航空公司1549航班事件进行对比，看看会有什么发现。那天，机长切斯利·萨利·萨伦伯格（Chesley Sully Sullenberger）在机组人员的配合下，将空客A320客机迫降在哈德孙河上，原因是飞机在空中撞上了一群加拿大黑雁，导致两个引擎失灵。事实上，机组人员在执行为期4天的飞行计划前仅见过3次面，然而在这个意想不到的紧急情况下，他们进行了无缝沟通和协调。

当萨利机长宣布"即将迫降,小心冲击"时,机组人员立即明白他们必须进入紧急状态,并让乘客做好水上迫降的准备。于是机组人员迅速大声向乘客发出指示:"抱紧,抱紧,抱紧。低下头,不要抬头。"萨利机长和副驾驶杰夫·斯基尔斯(Jeff Skiles)都清楚对方需要做什么,所以驾驶舱相对安静,没有多余的交流。斯基尔斯在萨利机长做出决定后帮助他重申了决定,并告诉萨利机长飞机的速度和高度,这让萨利机长能够集中精力操控飞机,使其尽可能平稳地降落。

以上这些形成鲜明对比的例子,充分说明了沟通对团队处理紧急事件的能力有重要影响。大量的实证研究支持这一论点,并且研究还表明,即使在常规条件下,沟通也很重要。杰茜卡·梅斯梅尔·马格努斯和莱斯利·德丘奇进行了一项元分析,分析了72项先前研究的结果,香农·马洛(Shannon Marlow)和她的同事(包括萨拉斯)进行了另一项元分析,分析了150项研究和近10 000个团队的研究数据。总的来说,这两项元分析都证实了我们的假设是正确的:沟通会影响团队绩效和凝聚力。通常,如果团队未能共享必要的信息(比如船上的漏洞或客户订单的延迟),团队绩效就会受到影响。这意味着,团队需要进行足够的沟通,但与普遍的观点相反,单纯增加沟通数量并不一定能提高团队绩效。

我们从元分析中得到的一个关键启示是:沟通质量远比沟通数量更重要。鼓励团队成员更频繁地相互交谈可能并不会产生领导者所希望的效果。在许多情况下,这只会制造噪声。研究表明,表现出色的团队中的沟通数量可能低于表现不佳的团队,正如拉斯韦加斯那些表现出色的餐厅工作人员和美国航空驾驶舱里英勇的机组团队。我们应该努力提高沟通质量,而不是单纯增加沟通数量。接下来,让我们深入研究高质量的沟通到底意味着什么。

## 明确语境，确保高质量沟通

让我们从最基本的概念谈起。进行高质量的沟通就是将有用的信息清晰、准确、及时地分享给合适的人。当然，在某种情况下被认为是必要的、明确的、及时的沟通，在另一种情况下可能会被认为是多余的、令人困惑的，甚至是滞后的。因此需要具体情况具体分析。

### 提供独特信息

研究表明，团队成员间互相提供独特信息会提升团队绩效。所谓独特信息，指的是团队中大多数成员目前不知道或可能不完全理解，但可以从中受益的信息和知识。例如，在安静的厨房里，只有一两个厨师知道与松露有关的信息，而那位穿西装的团队成员可能比其他人更了解食材的成本。这个团队之所以能够做出更好的决策，是因为每位成员都愿意与他人分享自己拥有的独特信息。而在埃博拉病毒的案例中，只有那个护士知道病人的病史，却没有把这个独特信息与团队共享，导致团队错过了控制病毒的最佳时机。独特信息可能与某一领域的专业特长（如对松露或食材成本的了解）、事件的现状（如船体上的洞正在造成船舱大量漏水），或需要采取的行动（如为撞击做好准备）有关。在前文中，我们讨论了保持态势感知的重要性，而提供独特信息能够让团队成员间共享态势感知。

虽然提醒团队成员他们已经知道的事情也可能有所帮助，但如果沟通的都是冗余的信息而非独特信息，那么即使将团队中的沟通数量翻倍也没有意义，绩效也不太可能得到提升。独特信息不一定很复杂，也不一定需要深厚的专业知识。它可以是非常基础的，类似于"服务请求正在等待你的批准"这样简单的提示也可能是独特信息。传递这些信息有助于确保任务需求得到满足。

我们与许多高层领导团队合作过。高层领导团队的成员通常来自不同的职能背景，虽然他们应该代表整个企业，但在日常工作中，他们都领导着自己的团队。高层领导团队中的每个成员通常都具有独特的专业知识，以及对自己团队所负责领域的深刻理解（例如，某个职能、产品线或区域）。他们掌握着高层领导团队中其他成员不知道的事情，然而如果他们不能及时分享这些信息，团队就不能做出明智的决定。这种情况在高层领导团队中经常发生。

## 形成沟通闭环

提升团队绩效的另一个关键因素是沟通闭环。团队成员在沟通中可能会出现这样的情况：团队成员与我分享独特且有价值的信息，并且分享的时机恰到好处，但如果我对他的信息产生了误解，就会对我们的团队绩效产生不利影响。而如果分享信息的团队成员误认为我理解了他的意思，那么团队面临的风险就会更大。这就是沟通障碍！据说乔治·萧伯纳（George Bernard Shaw）曾说过："沟通最大的问题在于，人们想当然地认为已经沟通过了。"

沟通闭环是避免这种沟通障碍的一种方法。它包括 3 个步骤：第一步，表达出来（初步交流）；第二步，回应（接收者反馈自己对所听到内容的理解）；第三步，建立闭环（消息发送者确认或纠正所传递的信息）。研究表明，沟通闭环能带来更高的团队绩效。例如，克林特·鲍尔斯和他的同事发现，高效能的机组成员团队比低效能的机组成员团队更为频繁地使用沟通闭环。

霍夫斯特拉医学院的一组研究人员研究了 89 例儿科创伤病例的录像，以寻找沟通闭环的例证。你可能会觉得完成沟通闭环 3 个步骤所花费的时间会延缓团队的反应速度，但研究人员发现，在形成沟通闭环的情况下，团队成员完成任务的速度比一般情况下的快 3.6 倍。在治疗创伤患者时，这 3 个步骤不仅减少了沟通上的失误，还提高了工作效率。

医疗团队和航空机组通常都有明确的领导者，具体的行动要求也很常见（比如"把手术刀递给我"），所以这些领域的培训项目通常会教授沟通闭环的方法。但是，在其他结构化程度较低的工作中，沟通闭环是如何发挥作用的呢？

在任何情形下，每个人都能轻松完成沟通闭环的第二步，我们称之为"同步"。作为信息接收者，你不能控制别人是否表达了明确的信息，但你可以控制自己是否与其同步。同步涉及你对他人的意见、观点，甚至感受的理解，并让对方确认或纠正你的理解。同步有两种类型：头脑控制的理性同步和心灵掌控的情绪同步。理性同步表明你了解这个人的立场（比如，下周五的截止日期不能更改）。情绪同步则表达了你对他人感受的理解（比如，你表达时承受了很大的压力）。这两种类型的同步都很有价值。

需要指出的是，同步并不等同于同意，它只表示你理解对方的意图。事实上，当你需要表达不同意见时，同步显得尤其重要。如果你在表达不同意见前不表现出与对方同步，那么你说任何话都可能会被认为你没搞明白情况。通常你能察觉到这种事情的发生，因为与你交谈的人会开始不断重复他的立场，说话速度放慢且声音越来越大，就好像你们的沟通存在语言障碍一样。

当人们认为别人不理解自己时，他们会恼羞成怒，这时他们所说的大部分话都是为了让自己的观点和意见变得更加清晰。在感到自己被理解之前，他们可能会继续狂轰滥炸，重复已经提过的内容，并不断强调自己的观点。这种反应很常见，它使沟通效果适得其反，而同步却能够简单而有力地打破这种无效沟通。

在沟通中，寻求被他人理解的动机比说服他人的动机更强。牛津大学的纳迪拉·弗慕勒（Nadira Faulmüller）和他的德国同事们在一项精心设计的研究中发现，当人们感到被他人理解时，会花更少的时间来交流那些支持自己立场的信息。这让每个人都能专注于解决问题和确定最佳选项，而不是重复他们已经说过的话。

我们观察发现，每个人都会进行信息同步。然而，大多数时候，人们并没有把听到的内容说出来，而只是在头脑中进行复盘和总结。他们在内心中对信息进行了很好的同步，但在外界看来，他们只是点了点头或说一些"我明白"之类的话。而这并不能让对方确信他们真的明白了，当然也没给对方机会表达"我不是这个意思"。同步是一种简单且可靠的沟通技巧，我们推荐所有的团队领导者和成员经常使用这个技巧。你可能想在家庭生活中也试试这个技巧，我们要提醒的是，这种方式通常适用于配偶之间的交流，但对青少年不太适用。

## 做好跨界沟通

我们一直专注于团队内部的沟通，现在让我们考虑一下与团队外部人员的沟通。心理学家喜欢用"跨界沟通"这个词来指与团队外部人员的沟通和关系维系，这些人既包括自己组织内部的人员，也包括组织外部的人员，如客户、供应商或监管者。德博拉夫·安科拉（Deborah Ancona）和戴维·考德威尔（David Caldwell）最早对这一领域进行了一些研究，他们观察到跨界沟通最常见的目的有两种：第一种，充当团队代言人，例如，说服权威人士为团队提供资源；第二种，与其他人或单位协调任务。此后，其他研究人员注意到了第三种目的，那就是寻求意见和专业知识。

几乎所有团队都需要进行跨界沟通，这是大多数组织的工作常态。大多数团队都不可能孤军奋战。肖恩·伯克和她的同事进行的一项元分析显示，在高效能团队中，领导者通常表现出更高质量的跨界沟通能力。领导者通常在跨界沟通方面扮演着重要角色，尤其是在需要充当团队代言人的时候。其他团队成员也可以参与跨界沟通，例如，当需要协调任务和寻求意见时。

我们提到过，团队成员在完成工作时彼此之间的依存程度各不相同，从低依存度（如摔跤队）到中等依存度（如棒球队）再到高依存度（如足球队）。同样，你可以思考一下，一个团队必须在多大程度上依赖于团队外部人员。例如，如果一个团队必须先收到另一个团队的产品才能完成他们的工作，那么团队间就需要进行清晰的、持续的沟通。相反，如果一个团队可以相当独立地开展工作，跨界沟通就显得不那么重要。比如，一个独立研发秘密新产品的团队就不需要把太多的注意力放在对外交流上。

是什么促成了有效的跨界沟通呢？主要是对独特信息进行清晰、及时的闭环沟通。但是在跨团队的交流中，你通常需要比在团队的日常交流中更清楚地了解解决问题的关键。如果你的团队依赖于团队外部人员或受其影响，那么建议你回答以下3个问题：

- 我们的团队需要与团队外部的谁沟通？
- 我们需要沟通什么，应该共享哪些类型的信息？
- 谁将负责双方之间的沟通？

请注意，一些研究表明，团队成员如果除了其他工作职责外还需不断地进行跨界沟通工作，可能会产生倦怠。因此，你需要仔细考虑适合履行这一关键职责的人选，并确保他们具备履行该职责所需的能力、信息和角色清晰度。必要时给团队成员分配一些处理跨界沟通的职责。

## 克服高质量沟通的障碍和挑战

在某种程度上,沟通似乎很简单。这与团队进行多少次沟通无关,而与沟通的质量有关。为了保证沟通质量,团队成员需要及时与合适的人分享独特信息。我们应该定期将自己的理解同步给他人,这样对方就可以肯定或纠正我们的理解,以免我们被错误的假设误导。这看起来很简单,但为什么沟通障碍在团队中如此普遍呢?这是因为人类是有局限性的,团队的工作环境也会给沟通带来挑战。你对这些局限性和挑战了解得越多,你就越能更好地应对它们。

### 避免"大家都知道"的认知偏差

当因缺乏沟通而导致出现问题时,你是不是有这种想法:"为什么他不直接告诉我?"有时,我们可能会觉得别人故意对我们隐瞒信息,虽然有可能存在这样的事实,但通常情况下,对方并非有意隐瞒,而是因为一种常见的认知偏差,可以称之为"大家都知道"的认知偏差。我们会认为既然自己知道某事,那么别人应该也知道,这种认知偏差是人类广泛具有的。研究表明,即使有人被告知他们是唯一知道某些信息的人,他们仍然会以默认别人也知道的方式与团队中的其他成员互动。尽管这样做很不合理,但人们常常没有意识到自己可能拥有别人不知道的独特信息。

如果你开始寻找"大家都知道"的认知偏差的例子,那么你会发现它非常普遍。重要的是,你需要保持警惕,因为作为人类,你也容易受到这种偏差的影响。你会很自然地认为一些东西是常识,大家应该都知道,然而实际上,它们可能并非你所认为的那么普遍。一个简单的方法可以帮助你降低这种偏差带来的影响。那就是经常问自己和其他成员以下问题:"还有谁应该知道这件事?"这个简单的问题可以立即减少那些最常见的沟通障碍。

虽然我们都容易产生"大家都知道"的认知偏差，但拥有更精深专业知识的人有时会出于另一个原因而无法分享他们的独特信息，那就是他们对知识的运用已经具有了自动性。你还记得自己第一次学骑自行车或开手动挡汽车的经历吗？最初，这件事对认知的要求很高，需要你全神贯注，但你操作一段时间后，进展越来越顺利，事情变得越来越简单。当你踩油门时，不再需要考虑如何松开离合器，你在骑自行车时，不再需要考虑如何保持平衡以防止从车上摔下来。你已经成为可以不假思索地执行任务的专家了，具备了自动化运行已有技能的能力。

当你学习一项新技能时，大脑的不同部位会被激活，而当你可以自动化运行该技能后，无须激活这些部位也能执行任务。做一个简单的类比，自动化运行就像是几行计算机代码被编译成一个子程序，你的大脑无须查看每一行代码就能唤起这个子程序。好消息是，自动化运行可以解放认知能力；坏消息是，它使得快速回顾细节变得困难。专家有时不能与团队成员分享详细的独特信息，正是因为他们可以不假思索地开展自己要做的事情。因此，当你问专家是怎么做到的时，他可能会给出一个看起来很表面的回答。请理解他并不是故意刁难你，他只是无法快速回顾其中的细节，自然也就无法马上提供详细的解释。

有一种方法可以有效降低与自动化运行相关的沟通风险。当你与专家合作时，要向他们提出可深入挖掘的问题，有时这意味着你要对一个可能得到表面答复的问题重新组织措辞。只要你耐心地使用这种方法，就能帮助专家释放自动化运行的专业知识。有趣的是，杜克大学的科里娜·达菲（Korrina Duffy）和塔妮娅·沙特朗（Tanya Chartrand）发现，如果所提出的问题具有相关性且礼貌得体，那些问更多问题并且会进行追问的人，往往更容易引发他人共鸣，也更讨人喜欢。通过更多的提问，你不仅能帮助专家释放他们拥有的独特信息，还能提高自己的受欢迎程度，这样做非常合理！

### 提升心理安全感

除了人类自身的局限性外,其他各种各样的因素也会给团队带来沟通风险。其中一个因素就是本书反复出现的主题:心理安全感。当心理安全感较低时,团队成员就不愿意畅所欲言,害怕犯错,不敢表达反对意见,不愿承认自己不知道某事或者不愿问一些可能会显得自己很无知的问题。这种不愿意参与的态度会阻碍团队成员分享重要信息,从而减少了纠正错误判断的机会。我们在关于协作的章节中已经广泛讨论了心理安全感,在这里不再赘述,使用我们之前分享的提升心理安全感的技巧也可以改善团队沟通。

### 奖励和认可

沟通的另一个风险因素与奖励和认可有关。如果你是团队中唯一知道某些事情的人,会发生什么呢?如果他人因你提前告诉他们这件事而受益,你是否会被视为"英雄"?当你分享专业知识后,其他人也能做当初只有你才能做的事情,你是否会因此而成为牺牲品?信息是否跟货币一样,一旦分享给他人就会失去价值?考虑到这类情形可能发生,人们隐藏独特信息的确情有可原。当隐藏信息会比分享信息获得更多的奖励时,无论是无意的还是有意的,团队成员都倾向于隐藏信息。我们将在下文中进一步讨论这个问题。

### 做好预测和预防

在以下情况中,团队也更容易受到沟通障碍的影响。

**团队成员不稳定。** 当新成员刚加入一个团队时,他们不熟悉团队信息共享的常规做法,也不知道该找谁获取自己需要的信息。同时,由于"大家都知道"的认知偏差,团队成员通常无法有效向新成员提供信息,特别是那些老团队成员都知道的信息。当新团队成员工作经验丰富时,这种情况尤为常见。一个常见的错误假设是,由于这位新成员富有经验,他肯定已经准备妥当,就好像他的知识完全可以从老团队迁移到新团队一样。然而,在现实中,当某人加入一个新的团队时,即使他经验丰富,也需要在一段时间内与团队其他成员进行更多的交流。此外,当经验丰富的成员离开团队时,他可能会带走独特信息,给团队造成知识空缺。

**任务发生变化**。当一个团队在一段时间内以一种相对稳定的方式执行相同的任务时,团队成员可以就事物的运作方式达成共识。但当任务需求和条件变得更加动态时,任何共识的存续期都会缩短。因此,在高度动态的工作环境中,团队成员通常需要更持续的沟通,毕竟很少有团队能够像拉斯韦加斯那个安静的厨房那样运作。当任务发生变化时,团队成员更需要不断更新态势,从而对正在发生的事情保持共享认知。

**远程协同工作**。当团队成员在同一地点工作时,他们进行非正式的、计划外沟通的机会更多。而当团队成员分散各地时,他们不能依赖实时沟通,并且面对面沟通时更容易获取非语言信息。而这种非语言信息在电话或电子邮件中很难被察觉,甚至在视频交流时也不是那么明显。当团队成员被分配到两个或多个地点时,每个地点的成员都会构建本地的知识群组,但他们对其他地方的情况则不太了解。因此,每个工作区域的团队成员都应该养成提问的习惯:"在其他地方工作的团队成员中,谁可能需要知道这一点?"一般来说,当团队成员远程协同工作时,他们需要有更强烈的沟通意向。

**团队构成多元化**。一个由不同背景的成员组成的团队,例如跨职能团队,很容易出现某些沟通问题。当团队成员拥有相似教育背景和工作经验,或者拥有相似专业知识和文化背景时,他们在相识之初就会发现彼此之间更容易沟通。例如,受过相同培训和专业知识训练的人,可以经常在交流中使用行话和缩写，而不会给彼此造成困扰；专业知识的自动化运行不太可能干扰同一领域专家之间的交流，他们完全能理解对方在说什么。但在一个更加多元化的团队中，使用专业术语并且没有提供相关细节和解释就可能造成歧义。在这些团队中，运用同步和提出有利于对方提供专业知识的问题的能力更为重要。

**团队中有明确的等级关系。**一个清晰的、层级分明的权力结构可能会对团队内部的沟通造成障碍，尤其是向上沟通。团队初阶成员或权力较小的成员，可能会担心自己被认为是质疑权威或提出的问题看起来很无知。这种情况经常发生，不仅发生在等级森严的军队和医疗团队中，也发生在等级森严的企业环境或具有倾向于服从权威文化的国家的团队中。当这样的团队聚在一起时，领导者一般会包揽大部分的讲话机会，如果团队成员因此无法分享领导者所不知道的独特信息，这可能会成为一个大问题。事实上，领导者很少能看到和知道一切。在等级森严的团队中，领导者必须努力维持团队的心理安全感，否则大多数团队成员就不会愿意说出自己的想法。在这样的团队中，领导者允许团队成员发言是远远不够的。曾经有领导者向我们倾诉，他希望自己的团队成员能畅所欲言，但他们似乎没有什么可说的。我们建议他积极地询问团队成员的意见，并不断地鼓励团队成员分享自己的观点和提出问题。

**工作交接。**当工作职责从一个人或团队转移到另一个人或团队时，双方需要进行沟通以避免协调工作的中断。工作交接是一个容易出现沟通漏洞的环节。比如，当团队成员需要执行一个他们没有参与制订的计划时，或当他们只知"做什么"而不知"为什么"这样做时，他们通常没有能力应对意想不到的挑战。工作交接也经常发生在团队之间。轮班交接时，结束一天工作的团队通常只有非常有限的机会向下一个班次的人传达当天发生的事情，包括需要注意的问题或事项。这种沟通的质量可能会极大地影响下一个班次的工作表现。重要的是要认识到，任何工作交接都可能会出现沟通漏洞。

**偏离常规条件**。还记得那个安静的厨房吗？在那个例子中，一个稳定、合格的餐饮团队能够在相对较少的沟通下有效地完成工作，直到出现了一个非常规的情况，即一群吵闹且要求苛刻的顾客的到来。这是一个转折点，团队需要从常规模式切换到非常规模式。更可怕的例子则是游轮触礁和飞机引擎失灵。但团队也会经历更微妙的"偏离"，比如首席执行官告诉你的团队，她需要比原计划提前两天提交报告。在这种情况下，虽然没有人会因此失去性命，但紧迫感和压力感仍然会迅速增加，随之而来的就是出现沟通障碍的风险。在正常情况下效果良好的沟通方式，在非常规或紧急情况下可能不起作用。有时，这种对常规条件的偏离要求团队与平时没有交流过的人进行沟通。其他时候，这种偏离可能需要团队临时增加沟通，以确保所有团队成员知道正在发生的事情，并建立可能与标准操作程序不同的协调响应机制。在许多团队环境中，快速的团队沟通会有所帮助。鉴于与紧急情况相关的紧迫性增加，团队成员的情绪会更加高涨，误解在团队中也会变得更加普遍。在非常规的情况下，沟通闭环可以帮助避免一些误解。

当团队遇到这些风险点时，就更容易出现沟通障碍。我们建议你预测团队最可能面临的风险，并在团队中讨论如何应对这些风险。

我们常被问到这样的问题：信任是否会带来更好的沟通，或者高质量的沟通是否会带来更高水平的信任？答案是肯定的。

我们可以将沟通和信任之间的关系想象成一个螺旋循环，这个循环可以在任何时候向上或向下旋转。当团队成员公开分享自己知道的信息时，这有助于建立信任，而较高的信任度使得真诚的沟通更加容易。当团队以这种方式工作时，信任和沟通会相互促进，形成良性循环，而沟通障碍会将其转化为恶性循环。如果发生了影响团队成员之间的信任程度的事情，那么团队成员将不愿意分享潜在的敏感信息；如果团队成员知道某个同事隐瞒了信息，他们可能就会开始不信任这个人，以此类推。虽然很难说清哪种情况先发生，但可以从鼓励沟通或采取行动建立信任开始进行改善。

TEAMS THAT WORK

# 逐项消灭问题，打造能成事的团队

**问题 1**
**团队经常会出现沟通不畅的现象，例如，团队成员经常会惊讶他们没有早点被告知的一些事情：**

- 如果团队成员经常因为没有被告知或不知道某项行动或决策而措手不及，这表明团队存在沟通问题。这类问题的一个常见原因是，人们错误地认为每个人都知道。因此要养成互相询问以下问题的习惯："还有谁应该知道这件事？"
- 找出过去最容易发生沟通障碍的环节。比如，当团队或个人需要进行工作交接时（例如，信息或责任交接），就会存在很大的沟通风险。在确定风险点之后，就如何确保有效沟通达成一致，例如建立一个工作交接时间点（例如，换班时）应该共享的信息清单。

**问题 2**
**我们需要与团队外部的关键利益相关者进行更好的沟通并维护良好的关系：**

- 进行利益相关者分析。利益相关者既包括团队所依赖的对象（比如，供应商），也包括依赖团队的对象（比如，客户）。对于每个利益相关者，请厘清以下内容：他们需要我们提供什么？我们需要他们提供什么？他们对我们最大的关注点是什么？我们对他们最大的关注点是什么？我们需要让他们了解什么？我们需要他们让我们了解什么？
- 对于关键利益相关者，要确保有适合的成员专职维护关系（充当跨界沟通的角色），并请他们做好充分准备。
- 当团队成员向不同的利益相关者提供相同的信息时，要确保每个人都清楚要传达的信息。信息同步不会自动发生，所以请与他们讨论："关于 X，我们每个人应该告诉关键联系人什么？"

## 问题 3
**由于成员在不同的地点工作，团队沟通不畅：**

- 要明智地使用合适的沟通技巧。在书面交流时，意图很容易被误解，所以不要过度依赖电子邮件或文本交流，尤其是与情绪相关的话题。当你第一次和远程办公的成员进行沟通时，可以开个视频会议（既能互相看到又能互相听到），或者至少打个电话（能互相听到）。
- 请注意，在偏远地方（例如，远离家）独自工作的团队成员可能会有一种孤立感。确保团队与他们经常保持联系。当团队成员感到被孤立时，你可能需要多花一点时间与他进行闲聊。
- 沟通和信任是密不可分的，当其中一个被削弱时，另一个很可能也会随之减弱。团队成员间距离越远，相互信任就越难，所以你能够说到做到就显得很重要了。信任在某种程度上是基于相信某人有能力完成某项任务的信念。

# TEAMS THAT WORK

**07**

驱动因素5，认知，
确保团队成员步调一致

The Seven Drivers of
Team Effectiveness

# 能成事的团队
Teams That Work

在美国国家橄榄球联盟 2018 年赛季的一个周日，洛杉矶公羊队主帅肖恩·麦克维（Sean McVay）为球队的明星跑卫、年度最佳进攻球员托德·格利（Todd Gurley）安排了跑球战术。格利在接到四分卫贾里德·戈夫（Jared Goff）的传球后本应切到左侧，他的进攻路线上有 5 名队友，他们的任务是将对方的防守队员从格利预先计划的路线上撞开。球队的外接手主要负责接球，但也要在比赛中替队友阻挡对方球员。就像所有的橄榄球比赛一样，全体 11 名进攻球员都需要协调配合，才能成功运用这个战术。

当然，争球线对面的 11 名防守队员也有自己的想法。正如对公羊队非常熟悉的体育记者文斯·邦西格诺（Vince Bonsignore）所报道的那样，对方的防守队员观察了公羊队的阵型，并在开球前做出了调整，其移动方式可能会阻碍格利沿着预先计划的路线前进。如果公羊队不做出调整，格利就会被擒抱并淘汰出局。而如果格利擅自改变计划好的战术，锋线却没有做出相应的调整，那么他们可能会把防守队员直接推到格利的新路线上。但神奇的是，公羊队的所有成员都以一种同步的方式实时调整。格利在接到球后做了个向左的假动作，但很快就转向了右路，穿过防守端一个被他的掩护者清除出的空档，跑动完成了第一次进攻。

如果从正常速度观看这场比赛，你可能不会注意到公羊队所做的非常细微且高度协调的调整。事实上，你可能会认为这些都是提前计划好的，但情况并非如此，如果你再次仔细观察慢动作，就会注意到格利和掩护他的队友是如何作为一个整体，根据场上形势快速做出调整的。几个体重150公斤左右的锋线在被同样高大的对方防守队员推挤的同时，迅速做出调整。这看起来似乎不可思议，但这不是在变魔术，也不是偶然发生的事件。这是一个通过共享认知提高团队效能的典型案例。赛前训练和比赛期间的行为磨合使这一切成为可能。

在橄榄球队中，通常谁会受到重视呢？在进攻方面，通常是所谓的技术位置球员，即四分卫、跑卫或外接手最受重视。进攻锋线队员则通常是辛苦地默默付出，至少在他们阻截失误或被判罚前是这样的。但是球员们都知道，如果没有强大的进攻锋线，进攻队员就无法展现其华丽的技术。正如四分卫高夫在谈到进攻锋线队友时所说："没有这些兄弟，我们什么都不是，我们都明白这一点。"他还补充道："全靠他们在前面开路。"

我们将探讨共享认知如何推动团队效能，包括你在公羊队案例中看到的一些要素。这些队员已经对他们各自的角色和"如果－那么"模式有了共同理解，并做好了准备。他们明白为什么，而不仅仅是怎么做。正如右截锋罗布·海文斯特恩（Rob Havenstein）告诉体育媒体的那样：

> 我们不是说你负责跑动然后你就只是拼命地跑。我们会召开11位球员都参加的会议……然后让大家都明白"我们想要完成什么，其他人的某些跑位如何影响我们的跑位，而我们的位置又会如何影响其他人的位置"。我们不是单独的个体，而是由进攻锋线、外接手、四分卫和跑卫组成的紧密合作的团队。

随着比赛的进行，队员们都会以类似的方式解读各种情境线索。海文斯特恩接着表示：

> 格利的位置至关重要，我的意思是，我需要时刻感知到他的位置。所以让我们感受一下防守是如何进行的，队员们一看到我的表情，就知道格利会跑到我身后，因为我们对此有共识。我这样做，是因为这样会有所帮助。这一定是一个完美的配合，因为我知道其他人都会配合到位。结果就是，我们为格利的进攻创造出一个完美的空档。

是什么神奇药水使这些队员在比赛过程中能够有效适应并唤起一系列协调的反应？那就是这个团队所拥有的一套共享认知。

> 💡 **能成事的领导者之思**
>
> 1. 如果分别采访你团队中的每一名成员，那么他们会就团队的目标、优先事项和愿景给出一致的答案吗？
> 2. 团队成员是否对自己的角色和团队中其他人的角色有共同的理解？哪些方面可能存在角色模糊或冲突？
> 3. 团队成员都知道团队中每个人所掌握的信息吗？都知道哪些成员拥有哪些专业技能和知识吗？
> 4. 想一想下个月你的团队可能面临的潜在挑战。如果发生这种挑战，你是否对所有团队成员都知道自己该做什么有信心？

## 共享认知提高团队效能

在橄榄球这样的团队运动中,显然每个人都需要保持步调一致。但体育运动之外的其他领域也是如此吗?共享认知在工作中真的很重要吗?

心理学家喜欢使用共享认知一词来指代团队成员之间共享且准确的理解。萨拉斯和简·坎农-鲍尔斯(Jan Cannon-Bowers)是这一概念的早期倡导者。研究人员还研究并撰写了有关交互记忆系统(transactive memory systems,简称 TMS)的文章,你可以将交互记忆系统视为分布在不同团队成员之间的知识互补系统,它也体现了团队成员对某人掌握某些信息的了解程度。在需要的时候,一个功能性的交互记忆系统能够促进知识在团队成员之间的存储和传递。

团队共识是一个团队所共有的、准确的和互补的认知。这并不意味着团队中的每个成员都了解完全相同的信息,而是他们对某件事拥有一个统一的、恰到好处的理解,并且了解团队中谁拥有相关的知识和技能。在这种情况下,共享意味着不止一个人拥有团队共识(如"团队成员共享这种理解"),也意味着团队共识分布于团队成员之间(如"共同分担"),这两种理解都很恰当。

为什么需要关注团队是否拥有共享认知呢?莱斯利·德丘奇和杰茜卡·梅斯梅尔·马格努斯进行了一项关于团队共识的元分析,发现与其他团队相比,共享认知更强的团队表现出更强的动机、更多的团队合作行为和更高的绩效。将他们的元分析结果与其他元分析结果进行比较,发现共享认知可能比团队凝聚力更重要。共享认知显然有助于团队取得成功。

约翰·奥斯丁(John Austin)对一家服装和体育用品公司的跨职能团

队进行了共享认知方面的研究。这家公司的每个团队都负责一个独立的产品线并需要确保其盈利能力。每个团队都为自己的产品建立了采购渠道和生产线，并提交新产品的开发建议。这些团队都是由 8 到 11 人组成，每位成员拥有不同的专业知识，在业务中发挥着重要作用。奥斯丁发现，如果团队成员对团队中谁拥有特定信息有清晰的共同认知，并且知道哪些团队成员与团队外部的关键人物保持着牢固的关系，那么团队的绩效表现会更好。换句话说，对哪些人掌握什么资源拥有共享认知的团队绩效水平更高。

共享认知驱动日常工作的进行，并且能够持续推动团队绩效。但是，当团队需要适应非常规情况时会怎么样呢？针对这一问题，北卡罗来纳大学和佐治亚大学的杰茜卡·克里斯蒂安、迈克尔·克里斯蒂安（Michael Christian）、马修·皮尔索尔和埃琳·朗（Erin Long）对一些关于团队的适应性表现（也就是团队在经历变化或干扰后的表现）的研究进行了元分析。他们发现，共享认知，尤其是对哪些人知道独特信息的共同认知，与团队的适应性呈正相关关系。

我们还目睹了共享认知在极端条件下对团队表现的影响。我们对那些在高压力条件下仍必须运作良好的团队进行了研究，并为他们提供了建议。这类团队一旦犯错，就可能付出生命的代价。例如，我们研究了军事航空机组人员、游轮船员、战争前线医疗团队、石油钻井平台工作人员、深海潜水团队、宇航员、空中护林员和煤矿工人。这些团队在面对极端的压力时，需要作为一个整体进行无缝协调。团队成员必须对正在发生的事情保持共同的理解，并不断地进行调整，但有时他们无法按照自己的意愿进行充分的沟通。这类团队只有在成员都拥有共享认知的情况下才能成功，其中一些认知必须在应对实际压力之前很久就形成了。这些团队大多会在模拟环境下训练如何处理所有可能发生的问题，如船舶疏散、降落伞故障、钻井平台起火或矿井坍塌。预先的模拟训练可以帮助团队成员建立起关于灾难来临时应该如何行动的共享认知。

例如，我们与同事杰米·利维、乔治·阿利格（George Alliger）、丽贝卡·比尔德（Rebecca Beard）、斯特林·维金斯（Sterling Wiggins）、克里斯·塞拉索利和迈克·基尼（Mike Keeney）一起研究了煤矿工人。这项研究是应美国煤矿安全与健康局的要求进行的，旨在了解煤矿工人应该如何在煤矿坍塌事故中成功逃生。研究小组调查了成功疏散人群所需的步骤和能力要求，并进行了认知测试分析，以便更好地了解人们在紧急状况下的想法。研究得出的一个结论是，团队需要对问题的性质、严重程度、领导层的作用以及疏散期间需要做出的决定达成共识。

从以上研究可以看出，无论在日常工作中，还是在需要进行小幅调整的情况下，或者在极端危险的条件下，团队都能从共享认知中获益。那么更具体地说，团队成员需要在哪些方面达成共识呢？又需要哪些类型的共享认知呢？接下来让我们一起来看看吧。

## 共享认知的 8 个方面

我们已经明确了共享认知的 8 个方面，具体见表 7-1。虽然有些方面对于特定团队或在特定时期可能更加重要，但这 8 个方面都可以影响一个团队的协调能力、适应力和整体表现。

当我们对共享认知的 8 个方面进行描述时，你可以想象一下，假如我们询问你的团队成员相关问题，他们会如何回答。

表 7-1　共享认知的 8 个方面

| 需要回答的问题 | 与……相关 |
| --- | --- |
| 要去往何处？ | 愿景、使命和目标 |
| 重要的是什么？ | 优先事项 |
| 与谁相关？ | 工作角色 |
| 如何做？ | 任务、工作标准、相互依存关系 |
| 为什么做？ | 依据 |
| 谁了解？ | 专业特长 |
| 如何假设？ | 应急措施，"如果－那么"模式 |
| 发生了什么？ | 情境、线索 |

你的团队成员对相同问题的回答是否类似？他们的回答是否与现实相符？

"要去往何处"是关于团队发展方向以及团队目标的。这与团队的愿景、使命和目标有关。如果团队成员没有对团队的发展方向达成共识，团队就会产生长期问题，因为团队成员可能会朝着不同的方向努力。

"重要的是什么"与团队优先事项相关。什么重要，什么不重要？团队成员对优先事项的不同看法，往往会导致冲突和不信任，部分原因是决策可能频繁变化，或者团队的决策与一些成员认为重要的事情不一致。

"与谁相关"是关于角色明晰的问题。谁负责做某事？着手做之前应该咨询谁？几年前，我们与比尔德合作，回顾了有关团队建设工作的研究。结果发现，旨在阐明角色（即"与谁相关"）这个问题的努力是最有效的，因为角色冲突和角色模糊对团队来说是非常有害的。

"如何做"是关于如何开展工作的。我们应该如何执行特定的任务和处

## 07 驱动因素 5，认知，确保团队成员步调一致

理特定的情况？关于如何完成工作，我们团队的标准是什么？我们的标准作业流程是什么？虽然并不是每个团队成员都需要了解每项任务的所有信息，但是参与完成任务的所有团队成员都应该对这项任务有一个共同的认知。

"为什么做"是开展工作的依据，有时被称为条件性知识，它是一种对特定行为或期望的更深层次的认知。如果团队成员对"为什么做"缺乏共同的认知，就很难在偏离标准的操作程序下以协调的方式开展工作。

"谁了解"是对在团队中可以从谁那里获取相关知识和专业特长的认知。没有人能知道或精通所有的事情。每个团队成员都有自己的知识和专业特长，以及自己的优势和局限性。你的团队成员是否知道应该联系谁来了解 X，或者他们是否需要 Y 方面的帮助？

"如何假设"指的是意外事件发生时的应对策略。它是对特定事件、情境或线索出现时应该做什么的认知。如果 X 发生了，我们该怎么办？如果 Y 发生了，那么适当的反应是什么？这种共享认知能够使团队成员协调一致，应对突发的变化。

"发生了什么"是指态势感知。我们在前文中讨论了保持态势感知的重要性。你的团队成员是否对当前正在发生的事情有准确的、共同的认知？

要记住的一个关键点是，认知必须随着时间的推移不断迭代更新。因为优先事项会发生变化，任务需求和环境也会发生变化，所以团队认知需要定期更新和沟通。荷兰马斯特里赫特大学的一位教授和他的德国同事进行的一项研究表明，在发生变化后更新共享认知的团队后续的表现更为出色。

此外，共享认知不一定是形式化的、僵化的定论。例如，新预算的数据

出来之前，在无法明确优先事项这一点上，团队是可以有共识的。即使没有一个明确的答案，团队如果能就优先事项是不断变化的这一点达成共识也是有益的。

相关研究清楚地表明，共享认知可以提升团队绩效，一些研究揭示了共享认知是如何提升团队绩效的。共享认知的成果如表 7-2 所示，共享认知可以带来：努力水平的提升，日常协调的改善，更快、更明智的调整。不同类型的共享认知以不同的方式发挥作用。

表 7-2　共享认知的成果

| 共享认知可以带来的改变 | 对应的成果 |
| --- | --- |
| 努力水平的提升 | 愿景、使命、目标、优先事项 |
| 日常协调的改善 | 角色、任务、工作标准、相互依存关系 |
| 更快、更明智的调整 | 应急措施、"如果－那么"模式、专业特长、情景、线索、依据 |

首先，共享认知可以提升团队的努力水平。卡罗琳·奥贝（Caroline Aube）和她的同事在一项对加拿大公共安全组织里的 100 多个团队的研究中发现，当团队成员相信他们对优先事项、目标、任务和角色有共同的认知时，他们会更有动力，也会更加努力。而努力水平的提升又提高了他们的绩效。换句话说，知道你和其他成员步调一致可以增强团队的集体效能，并激励团队中的每个成员。在过去几年里，我们询问了成千上万的人，请他们描述一个自己曾经加入过的高效能团队，其中一个反复出现的看法是，高效能团队通常都有共同的使命和目标。如果你有过这样的经历，那么你就会知道这既能让人安心，又能让人充满活力。

其次，在执行日常任务时，共享认知使协调成为可能。德丘奇和马格努斯的元分析显示,拥有更强共享认知的团队会表现出更高效的团队合作行为。如果团队成员对应该如何执行任务有共同的认知(任务清晰),知道谁应该做什么以及他们需要与谁相互依存(角色清晰),并能够共享关于任务应该如何开展的见解(标准清晰),那么他们可以更轻松地执行需要协调的任务。这也使隐性协调,或在很少甚至无须沟通的情况下的协调成为可能。还记得 L'Atelier 餐厅的工作人员吗?他们为什么能在厨房保持安静的情况下,以高度协调的方式准备和装盘食物的呢?因为他们拥有共享认知。

相反,缺乏共享认知会导致团队出现协调问题。埃丝特·萨基特(Esther Sackett)和约翰·卡明斯(John Cummings)在一项针对一家大型跨国公司300多个项目团队的研究中发现,当团队成员在谁需要依存谁的问题上存在分歧时,团队成功的概率就会大大降低。我们怀疑这是由于缺乏共享认知对团队成员之间寻求帮助和提供补位或支持的能力产生了不利影响,而这两种能力是团队协调的两个关键因素。

最后,共享认知让团队做出更快、更明智的调整。对于稳定、常规的任务,团队通常只需要保证基本的角色和任务清晰就足够了。但是,对于充满不确定性的突发事件,团队成员就需要对相应的处理方式有共同的理解(例如,"如果发生这种情况,那么我们可能需要做 X"),并对情况有共同的认知。如果团队对为什么需要采取某些行动也有共同的认知,而不是只知道简单的要做什么,并且知道团队中谁拥有与行动相关性最强的知识或专业特长,那么将会对处理突发事件有所帮助。这些共享认知让团队能以同步的方式即兴发挥,如爵士四重奏组合,或洛杉矶公羊橄榄球队那样配合默契。

## 共享认知与要素的相互促动

共享认知与两个要素之间有相互促动的关系。

### 要素1，审视

思考以下问题：共享认知是审视的产物，还是开启审视的关键？答案是两者兼而有之。

我们讨论了审视是如何帮助团队协调和适应的。审视可以揭示正在发生什么以及团队成员的表现。如果团队成员能够进行有效的审视，他们就能及时更新自己对工作情况和其他成员的认知。从这个意义上来说，共享认知是审视的产物或结果。瑞士苏黎世联邦理工学院的迈克尔·巴茨彻（Michael Burtscher）和迈克拉·科尔比（Michaela Kolbe），以及他们的同事约翰尼斯·瓦克尔（Johannes Wacker）和塔尼娅·漫斯威尔（Tanja Manswer），对实施全身麻醉的医疗团队进行了研究，发现当团队成员进行频繁的相互审视，但缺乏对任务的共享认知时，团队绩效实际上会下降。这表明，共享认知会直接影响审视的有效性。团队成员可以互相关注并审视，但如果他们对如何处理这些信息缺乏共享认知，那么过多的审视可能只会分散团队的注意力。因此，虽然共享认知是通过审视形成并不断更新的，但它们也是开启审视并提高团队绩效的关键。

### 要素2，熟悉度

一起工作或相处是否有助于团队建立共享认知呢？团队成员之间的熟悉度对团队来说是帮助还是阻碍呢？正如你将看到的，成员间的熟悉度可能是一种优势，但并非总是如此。

## 07 驱动因素 5，认知，确保团队成员步调一致

当一个新的团队成立时，如果团队成员以前没有在一起工作过，那么他们不太可能拥有一套完整的共享认知，但他们可能仍然对某些事情有共同的理解。我们先来看看航空公司的机组人员的例子。

这些年来，我们在旅途中与许多机组人员交谈过。据了解，虽然大多数机组的团队成员从未在一起工作过，但他们都在公司接受过类似的培训，学习了机组人员该承担的角色和任务。他们被告知安全是第一位的，并且在培训期间以及与其他空乘人员一起飞行时学习了行为规范。例如，在美国的西南航空公司，空乘人员与乘客开玩笑是很正常的，但这在其他航空公司并不常见。机组人员还被告知，在发生紧急情况或醉酒乘客闹事时该怎么做（属于"如果-那么"模式的紧急情况）。他们可能对彼此的私人情况一无所知或知之甚少。他们不知道当飞机上的娱乐系统出现故障时，谁拥有这方面的专业知识来搞定它，或者谁特别擅长安抚哭闹的婴儿。他们也不知道彼此的喜好，更不知道谁会因为昨晚熬夜而感到疲惫。一般来说，尽管机组人员之前从未共事过，但因为他们具有一些专业方面的共享认知，所以能够很好地处理日常飞行。但如果需要他们共同解决一个不寻常的问题，那么共享认知的缺失可能会限制他们的发挥。

与之形成鲜明对比的是，一家大型全球化企业组建了一个跨职能项目团队。该团队的组建是为了解决一个描述模糊的问题，然后成员们就分开各自行动。团队成员之所以被选中，是因为他们代表了全球不同的区域、不同的业务部门，拥有不同的职能专业特长。少部分团队成员曾接受过项目管理方面的培训，但他们参加的是不同的项目。他们之前没有在一起工作过，项目负责人也只认识团队中的部分成员。这个团队在第一天的相处中能拥有什么样的共享认知呢？答案是几乎没有。他们对目标、优先事项或角色都没有共同的认知。他们给团队带来的是不同的标准，对问题的不同描述，并且应对紧急挑战的方式也可能各不相同。他们并不清楚哪些成员拥有独特信息和专

业特长。在最初的几次会议中，这支团队真正需要做的是建立共享认知。

机组人员和项目团队都是由彼此不熟悉的人组成的。但假如是一个长期合作的团队呢？他们相互之间可能更了解，并发展出了共同的认知。这是否意味着，他们会比那些彼此不熟悉的人组成的团队表现得更好呢？关于熟悉度和绩效之间的关系，相关研究又会告诉我们什么呢？

**熟悉度可以在一定程度上帮助团队。** 团队成员之间的熟悉度和团队绩效之间似乎呈倒 U 型关系。团队成员之间太陌生或太熟悉都不利于团队绩效的提升。当团队成员刚开始一起工作时，他们可能还没有建立起共享认知，团队绩效可能会因此受到影响。例如，在航空领域，机长和副机长作为团队成员一起飞行的第一天，发生事故的比例就非常高。因为第一天组队，他们还没有形成良好的共享认知，所以一旦出现严重的问题，他们不太可能做到默契协作。

哈佛大学的罗伯特·哈克曼（Robert Huckman）和他的同事，对总部在印度的大型软件服务公司 Wipro 的团队进行了一项研究。他们发现，当团队成员因为过去在一起工作而彼此熟悉时，团队绩效通常会更好。更具体地说，团队熟悉度每增加一个标准差，所产生的产品缺陷就会减少 18.6%。值得一提的是，团队成员的平均工作年限并不能用于预测团队绩效。因为重要的不是团队成员已往的工作经验，而是他与当前团队其他成员相处的经验。

奥运会冰球队也有类似的情况。纽约州立大学奥尔巴尼分校的德夫·达拉尔（Dev Dalal）、霍夫斯特拉大学的凯文·诺兰（Kevin Nolan）和康涅狄格大学的劳伦·甘农（Lauren Gannon）研究了 2014 年俄罗斯冬奥会期间冰球队的组成和表现。他们发现，由在奥运会前与队友有更深接触的球员组成的球队（例如，队员曾一起在冰球联盟打球），在各项指标上的表现都更好。不过这一发现适用于那些有很多队员以前经常一起打球的球队，不适用于那些只有少数队员以前一起打过球的球队。

增加团队成员之间的熟悉度对医疗团队也有帮助。安妮塔·库尔曼（Anita Kurmann）等瑞士研究人员研究了进行腹部手术的团队，并特别关注那些一起工作了6个月的高级和初级外科医生。研究人员发现，在手术团队一起工作的第一个月，患者的术后并发症明显多于团队在一起工作的第六个月。高级外科医生也表示，当团队经过一段时间的配合后，他们在手术中能够更好地集中精力。我们猜测这是因为通过6个月的相处，高级外科医生知道初级外科医生也会以同样的方式解读情境线索，这使得他们能在没有太多交谈的情况下有效协调。为了支持这一假设，研究人员还指出，经验丰富的团队进行手术时，手术室里会显得更安静一些。

增加熟悉度同样可以提高效率。波士顿布莱根妇女医院的研究人员对手术室中的团队熟悉度进行了研究。在一项基于223个团队完成的750多例乳房整形手术的研究中，即使考虑到主治医生和辅助外科医生的经验水平，合作过10次手术以上的团队手术用时也比其他团队少16分钟。

**增加熟悉度是有益的，但过于熟悉是否有害呢？** 一些研究表明，熟悉度并非越高越好。例如，亚利桑那州立大学的杰米·戈尔曼（Jamie Gorman）等人对操控无人驾驶飞行器的机组人员进行了研究，发现相处时间不长的组员有时会有更强的适应力。然而，其他许多研究表明，熟悉度对团队是有帮助的。我们该如何调和这些发现呢？

德国杜塞尔多夫大学的约斯特·西韦克（Jost Sieweke）和加拿大西蒙菲莎大学的赵斌（音译）对熟悉度是否与团队失误呈U型关系产生了兴趣。

他们认为，当一个团队刚成立时，这个新团队会犯很多错误，但随着成员间越来越熟悉，团队成员会建立共享认知，错误就会减少。然而，长时间在一起工作后，团队成员可能会开始产生职能惯性，而不是根据需要随时做出调整。为了验证这一假设，研究人员把 NBA 球队中那些可以归因于团队协调失误，而不是个人失误（比如运球越界）的问题综合在一起进行了研究。在 NBA 比赛中，团队协调失误约占失误总数的 42%，而结果正如他们所假设的那样，熟悉度和团队失误之间呈 U 型关系。团队协调失误在熟悉度低的团队中出现频率较高，在熟悉度较高的团队中较低，而在熟悉度很高的团队中又变得较高。在某种程度上，熟悉度可以从优势变成劣势。

**个人熟悉度重要还是专业熟悉度重要？** 你应该还记得谷歌公司对他们的团队进行的一项深入研究吧。他们最初的假设之一是，高效能团队中的成员在工作之余会经常一起出去玩，以增加成员之间的熟悉度，但这一假设并没有得到支持。在谷歌，一起出去玩与团队绩效无关。

要了解熟悉度如何影响团队绩效，就要明确区分个人熟悉度（例如，我了解其他成员的爱好和他们的家庭）和专业熟悉度（例如，我知道他们与工作相关的优势和弱点）的差异。我们的合作伙伴，科罗拉多州立大学的特拉维斯·梅纳德和康涅狄格大学的约翰·马蒂厄，以及露西·吉尔森（Lucy Gilson）、戴安娜·桑切斯（Diana Sanchez）和马修·迪安（Matthew Dean），共同研究了一家信息技术公司的全球虚拟团队。这些团队负责管理公司生产的各种软硬件产品的供应链。研究结果表明，专业熟悉度越高的团队越会进行更深层次的信息共享和过程共享，这反过来又使他们的绩效水平变得更高，相比之下，个人熟悉度却没有带来这样的帮助。换句话说，在个人层面主动了解其他成员可能不会有什么坏处，还可能有利于建立同事情谊，特别是如果团队主要通过技术工具进行交流，但这无法明显提升团队绩效。了解彼此的能力、对细节的关注以及其他与工作相关的因素等，提高专业熟悉度才能提高团队绩效。

总的来说，这项研究表明，共享认知可以提升团队动力、促进团队协调和适应。一起出去玩虽然可能很有趣（假设其他成员风趣幽默），但这种方式无法帮助团队建立关于优先事项、角色、突发事件等的共享认知。一起工作才可以帮助团队发展共享认知，对于团队绩效而言，专业熟悉度比个人熟悉度更重要。

过于熟悉可能会导致团队成员产生职能惯性，团队变得自满或僵化，从而出现更多的协调失误，尤其是在动态环境中。一个长期合作且稳定的团队可能更容易出现"大家都知道"的认知偏差，无法分享新的独特信息，忽视替代性解决方案，并且无法快速适应不断变化的需求。

根据我们的经验，大多数团队都会从发展强大的共享认知中受益，但是一些团队需要关注那些他们过于熟悉和令人舒适的情况。如果团队已经在一起工作很长一段时间了，请注意不要默认"我们一直都是这样做的"。

## 构建共享认知的 10 种方法

一起工作有助于提高熟悉度，但共享认知不会仅仅因为在一起工作就自然而然地形成或准确地更新。有时你需要采取适当的措施来构建共享认知。那么你可以做些什么来构建团队所需的共享认知呢？这里有可以帮助你构建共享认知的 10 种方法，详见表 7-3。这些方法通常分为 4 类：方向设定、做好准备、更新和融入，有些可以在成员发生变化时实施，有些可以在团队成立之初时实施，有些可以持续使用或根据需要使用。

表 7-3  构建共享认知的 10 种方法

| 维度 | 方法 |
|---|---|
| 方向设定 | • 愿景规划<br>• 事前预防<br>• 制定章程 |
| 做好准备 | • 明确角色<br>• 交叉培训<br>• 基于情境的培训 |
| 更新 | • 复盘<br>• 聚在一起讨论 |
| 融入 | • 新员工入职<br>• 新管理者融入 |

## 方向设定

这些方法可以帮助团队展望未来，建立共同的使命和关注点。它们通常是在团队刚成立时就部署好的。比如愿景规划，它描述了一个成功的未来是什么样的。愿景规划方面的练习所呈现的是，如果团队获得成功了，他们希望在未来做什么、经历什么和完成什么。

相比之下，事前预防则用来预测潜在的问题。在项目开始时，团队会思考如果未来项目失败的情景，并向后追溯，剖析可能引发这种情况的原因。然后，他们利用事前预防来建立一种方向感，从而减少或避免可能出现的隐患。

制定章程是建立对团队或项目的共同理解的过程。团队章程是一种书面文件，它规定了团队的使命、目的或目标和工作界限，有时还包括团队如何共同协作的协议。虽然领导者或发起人可能会设定一些不可协商的条款，但团队其他成员通常应该参与章程的制定与最终确定，这样做有利于促进团队成员主人翁意识和团队共识。通常，我们可以为持续运营的团队制定团队章程，为特定的、临时项目团队制定项目章程。

**做好准备**

这一套方法旨在通过建立共享认知或建立相互重叠的技能来为团队协调做好准备。之前我们提到过角色清晰的重要性，RACI模型之类的演练就是旨在建立关于谁负责什么的共享认知。此外，还可以为团队成员提供交叉培训，范围从全面交叉培训（"我受过可以替补你工作的培训"），到部分交叉培训（"我受过可以在部分任务上代替或帮助你的培训"），再到嵌入式知识培训（"我了解你所做的工作，所以我能感同身受"）。每一种交叉培训的方法都旨在建立对其他团队成员任务需求的共享认知，从而使提供补位或支持变得更加容易。基于情境的培训也会有所帮助。在这种培训的简易版本中，团队对未来的挑战进行预演，会讨论如何处理它，包括：谁将做什么、与谁一起做、为什么做，以及何时做。培训师会提供关于挑战的额外信息，团队会继续讨论他们接下来应该做什么，等等。

**更新**

团队可以采用一些方法来更新共享认知，复盘和聚在一起讨论特别有用。例如，在一次复盘中，团队可能会讨论最近的工作中发生了什么，他们什么地方做得好，什么地方做得不好，以及情况是如何演变的。这样做可以帮助团队重新调整任务优先事项和角色，更新态势感知，更多地了解谁知道什么，并根据需要进行修正。

**融入**

还有一些用来帮助新员工或新管理者融入团队的方法。比如，可以利用入职培训来给中途加入团队的成员传达团队规范、角色定位和其他要求，从而加快他们对团队当前共享认知的理解。波特兰州立大学教授泰勒亚·鲍尔（Talya Bauer）和她的同事对 70 项研究进行了元分析，结果显示，有效的入职培训能使新员工明确角色，增加他们的自信，进而带来更好的绩效。

而当一个新管理者加入团队时，他们往往会将自己的方法带到团队中，这可能与团队现有的共享认知存在差异。新管理者融入会议是促进新管理者和团队成员之间相互了解的会议，团队成员可以向新管理者提出问题，新管理者则有机会分享他的期望，并在必要时建立新的共同规范。

TEAMS THAT WORK

# 逐项消灭问题，打造能成事的团队

**问题 1**
**成员之间对于团队的使命、方向和优先事项存在分歧，或者不够明确：**

- 邀请团队成员参与讨论团队的使命和发展方向。我们团队存在的理由是什么？对于我们团队来说，成功的真正面貌是什么？我们的发展方向在哪里？
- 安排时间复盘和讨论团队当前的优先事项。我们目前的首要任务是什么？为什么要优先考虑这些？
- 定期重新审视团队的优先事项，因为优先事项可能会随着时间的推移而改变。
- 创建一个团队章程，包含团队的使命、目标、目的和界限。尽可能让团队成员参与制定章程，以促进其主人翁意识和共享认知。一旦建立了团队章程，它可以帮助新团队成员跟上进度。

**问题 2**
**我们的成员流动性大，团队很难保持共享认知：**

- 如果你的团队会定期引进新成员，那么请花些时间确保你的入职流程能让员工快速了解团队的相关情况。
- 考虑给新的团队成员安排一个导师，以帮助他们了解团队并快速跟上节奏。这不仅适用于初级员工，即使是经验丰富的员工也能从他的导师那里受益。一个非常有经验的员工可能具有深厚的专业知识，却不了解在我们团队中是如何完成工作的。

**问题 3**
**团队成员对如何应对某些问题没有达成共识：**

- 对整个团队进行基于场景的演练，识别未来可能发生的情境，并基于此设定一个场景。召集团队成员，从场景的起点开始呈现，然后向大家提问："在这一点上，谁应该做什么？为什么？谁应该和谁进行沟通？团队成员都在想什么？"接着提供关于场景如何发展的更多信息（"刚刚发生了X"），并再次要求小组讨论将会发生的事情。在场景讨论的最后，总结经验教训，并就团队在未来应该如何处理此类情况达成一致。
- 有时，以标准操作流程或清单的形式，记录如何处理特定的任务或情境是有益的。

**问题 4**
**成员在不同的地点工作，很难在认知上保持同步：**

- 建立并传达一套关于你希望如何一起合作的团队规范。例如，我们期望以多快的速度回复团队成员的消息或请求？合理的时间范围是多少？
- 就处于不同地点的团队成员如何保持步调一致达成协议。作为一个团队整体，我们会面的频率是多少（是线上虚拟的会面还是聚在一个地方）？我们如何安排电话会议，以便公平地对待处于不同时区的团队成员？我们应该定期互相更新哪些信息？
- 想办法有意识地跨地域分享自己的经验教训。利用不同地方工作方式上的天然差异，把最好的想法传递给不同地点的团队成员。

# TEAMS THAT WORK

## 08

驱动因素 6，氛围，
鼓励什么就会得到什么

The Seven Drivers of
Team Effectiveness

几年前,一家知名的高端零售商希望转向更加重视合作、以团队为导向的销售方式。过去,每个销售人员主要是独立贡献者,他们的大部分薪酬与自己的销售额紧密相关。因此,销售人员倾向于将客户视为自己的个人资源。

当销售人员第一次被要求重视合作时,会发生什么呢?我们参观了这家零售商的几家门店,并暗中观察了销售人员的行为。以下是我们观察到的一个案例。

一位顾客拿着一个印有该店商标的购物袋走进门店,明显是来退货的。当她走近一个销售柜台时,销售人员正好接起电话。显然,他不能帮助她处理退货事宜。顾客见状向斜对角柜台的销售人员走去。但问题在于,当时我们离第一位销售人员很近,所以我们知道他的电话并没有响。这位销售人员认为,如果他花时间帮助顾客处理退货,就可能会错过其他有购买意向的潜在客户。而且如果在这段时间里,出手大方的常客来了,而他又没空接待,那就可能会错过一笔大单。为了避免这种风险,他假装在接电话。不出所料,当顾客走近另一个柜台时,这位假装打电话的销售人员就挂断了电话。

销售人员这样做是否合理呢?他可能没有做对公司或顾客最有利的事

情，他当然也不是一个好的团队成员，但他的行为并非不合理。事实上，他的回应方式与他所在销售团队的氛围是一致的。这家门店的员工都很有能力，但这里的文化是，每个人主要靠自己。此外，团队的奖励分配方式和员工晋升的方式也强化了成员的个人主义。销售额最大的销售人员赚的钱最多，也最有可能被提拔。而那些乐于处理退货或花时间帮助其他人完成销售的销售人员，并没有得到非正式规范或正式人力资源政策的支持。可想而知，这样的团队氛围会让那些以集体为导向，并最终承担了许多"团队优先"任务（例如处理退货）的销售人员感到很沮丧，这也对他们自己的薪酬产生了不利影响。

仅仅要求销售人员作为团队成员一起工作并不足以改变现状。他们在各自的岗位上受过良好的培训，并掌握了团队合作所需的大部分技能，但团队氛围限制了成员之间的团队合作。获普利策奖的作家厄普顿·辛克莱（Upton Sinclair）曾说："当一个人不需要懂某件事情就能得到薪水时，你要求他懂这件事情是很难的。"只有公司改变了氛围，销售人员的行为才会发生转变。

我们接下来将要探讨的是氛围，即团队运作的场景或环境。氛围包括有形的因素，如组织政策和相关举措（例如，薪酬制度和晋升决策）、资源（例如，是否为团队分配了足够的人员、团队是否能够获得所需信息、团队是否有足够的完成时间）；氛围还包括一些无形的因素，比如来自高层领导者的支持和企业文化。

没有一个团队是在真空中运作的。团队成员所体验到的一些氛围可能是有益的，有助于促进或提高团队效能，另一些则可能会约束或抑制团队发展。我们鼓励你审视可能影响团队的氛围，并尽可能确保它们是有益的。但我们也要承认，有些事情是无法改变的。这些都是你的团队可能需要适应的既定事实。正如你将看到的，对运行在两个层面的氛围进行考虑是有帮助的：更广泛的组织层面或业务单元层面的氛围和内部的、特定的团队层面的氛围。

> **能成事的领导者之思**
>
> 1. 无论是起促进作用还是起阻碍作用，哪些氛围对你的团队影响最大？
> 2. 你应该改善团队的哪些内部氛围？为什么？
> 3. 哪些氛围是你必须选择接受，并尝试与其共存的？
> 4. 如果你能影响更广泛的组织氛围，那么哪些变化能使团队在整个业务单元或组织中更有效能？

在本书探讨的驱动因素中，关于氛围的研究可能是最少的。但是，根据我们的经验和对组织文化、人力资源管理实践、变革管理和心理学的研究，团队氛围非常重要。氛围影响人们愿意和能够相互协调的程度，以及团队学习、调整和创新的程度。氛围决定着团队是否有足够的资源来完成任务。当氛围约束团队发展时，即使是高效能团队也会失败。

佐治亚理工学院的克里斯·威斯（Chris Wiese）和他的同事对超过4 800个团队的54项研究进行了元分析，发现当团队氛围更好时，团队会表现出更多的学习行为。而学习行为能够帮助团队适应并长期有效运作。

氛围也会影响团队的创造力、创新性和绩效水平。在一项针对韩国14

家公司 104 个团队的研究中,韩国首尔大学的研究人员等发现,团队氛围在决定团队的创造力和绩效水平方面发挥了关键作用。多丽丝·费伊(Doris Fay)、海伦·希普顿(Helen Shipton)、迈克尔·韦斯特和马尔科姆·帕特森(Malcolm Patterson)进行的一项研究发现,英国的制造团队在有时间进行深度复盘的氛围中工作时,会更具创新性。

当员工认为他们处于支持性的工作氛围中时,事情就会向积极的方向发展。詹姆斯·科特斯(James Kurtessis)和一组研究人员对组织支持感的影响进行了元分析。结果发现,员工感受到的支持度越高,就越有可能信任自己的同事、领导和雇主。他们会对组织有更强烈的认同感,会更愿意为帮助团队和组织成功而做出超出自身工作职责的事情(例如,他们可能会愿意处理更多的客户退货)。当然,信任和认同是团队合作的推动因素,信任程度越高,合作就越容易,当员工认同组织时,他们就不太可能只考虑自己。当团队成员超越自己的任务需求时,团队凝聚力和效能会得到提升。

更具体地讲,资源配置是一个直接影响团队绩效的氛围因素。如果一个团队缺乏相关的关键信息、必要的设备或其他资源,那么绩效肯定会受影响。当一个团队人力资源不足时,即使拥有善意的成员,他们也可能由于腾不开手而导致无法提供补位或支持。

对文化和工作环境的研究证实了一个心理学原理:社会环境具备强大的力量,可以约束、鼓励或以其他方式引导人类行为。这个原理适用于团队和个人。

总的来说,这项研究证实了我们的直觉,那就是氛围对人们的行为有重大影响。

## 善用氛围的力量

心理学家喜欢说，行为是人和情境相互作用的结果。那么情境对行为的影响有多大呢？这取决于情境的强度。著名的棉花糖实验研究者、社会心理学家沃尔特·米歇尔（Walter Mischel）提出了情境强度的概念，用来描述情境在控制个体行为方面的相对力量，并将个人特质（如个性）的影响降至最小。

要评估情境强度，你需要超越情境的客观特征，并考虑人们感知和理解情境的方式。人们的感知可能与客观现实相一致，但并非总是如此。例如，在相同的情境下，两个人可能会注意到不同的线索，也可能会注意到相同的线索而做出不同的解释。从心理学的角度来看，人们的感知和理解才是最重要的。

有些情境非常强大，会直接影响行为；另一些情境只是提供一些提示或是小小的助推，提醒人们应该做点什么，而低情境可能不会提供任何关于预期行为的提示。当大家对一个情境有共同的感知，且对以何种方式行事有共同的理解，并且情境也对这些行为有明确的激励时，这个情境就是高强度的。换句话说，高情境比低情境更容易诱发人们的从众心理。情境强度越高，由个人喜好或个性主导的行为就越少。

让我们思考一下我们开车时会发生的情境。你正开车行驶，在一个繁忙的十字路口接近一个停车标志。你会怎么做呢？不管你的个性是否自信，你肯定会在十字路口停下车。并且，在十字路口的所有司机都会以同样的方式解读停车标志。它唤起了人们对预期内容的相同理解（"我需要停下来，等待轮到我通行的时候"），这种情境会因为不容忽视的物理场景和相应的法律后果而让人们停下来。但是当司机靠近让行标志时会发生什么呢？大多数司机会放慢车速,甚至停下来,让其他人先行,但强势的司机可能会表现得肆无忌惮,甚至可能会在驶入车流时加速抢占车道。这里的情境线索已经相当强了,但不如停车标志那么强烈。

现在思考人们在多车道高速公路上驾驶时的行为。你有没有注意到,有些人即使比别人开得慢,仍然一直跑在超车道上面?萨拉斯经常这样做,这让坦嫩鲍姆很失望。在超车道上慢速行驶是一种很少被强制处罚的违规行为,并且没有明显的情境线索来提示司机不应该这样做(除了那些朝萨拉斯按喇叭的人),所以相比于有停车标志或让行标志的十字路口,在没有明显标志的高速公路上行驶时,个人偏好更能操控人们的行为。团队合作也是如此。有些情境会发出强烈信号,鼓励或阻止人们合作,另一些情境则只会发出一些关于预期结果的微弱信号。

在某些情境下,如果不合作就不可能完成任务,因此团队合作本质上是嵌在任务里面的,并且总会进行一定程度的协调。例如,在生产流水线上,产品从一个人或一个工位转移到另一个人或另一个工位,这就没有给个人多少自由发挥的空间了。同样,在地下采煤时,每个人必须遵循固有的协调要求,以确保所有人员的安全。每个人都知道这些要求,团队合作已经嵌入任务中了。

即使团队合作没有嵌入任务之中,如果协调要求明确,并且团队合作失败会造成严重的后果,那么这种情境也会有力地推动合作。例如,在深海饱和潜水工作中,一小队潜水员一起在海面以下几百米的地方执行维护和施工任务。潜水队通常由3名潜水员组成,他们搭乘潜水钟一起下潜。抵达作业深度处,一名队员待在钟内,另外两名队员执行水下任务。待在钟内的人是确保其他潜水员安全的第一道防线,团队成员轮流换岗,所以今天某人可能是潜水员,而第二天他就会变成待在钟里的人。考虑到这项工作的危险性，以及团队成员之间的高依存度，相互审视和支持似乎是必不可少的。因此，当情境要求足够强大时，即使是天生自私的人也会选择合作。

请记住，高情境并不意味着积极正面的态度，它只意味着这一情境有强大的影响力。你可能会遇到一种强烈的情境，在这种情境下，很多暗示都会强化以自己为主的行为。一些组织的政策（例如，强制分布绩效评价系统的使用）、社会规范（例如，经理不与下属共进午餐）和与职业相关的决策（例如，提拔"有害"的员工，因为他们能带来收入）都在鼓励竞争，阻碍合作。

在大多数情况下，情境的性质（例如氛围）与所涉及人员的特质（例如能力）结合起来，共同决定了团队合作能否成功。所以，让我们深入研究一下那些重要的氛围，包括那些或强或弱的信号，这些信号关乎团队成员是否重视团队精神，不文明行为是否被允许，以及初级员工是否可以畅所欲言。我们还会研究一些能够切实实现或限制团队合作的氛围，例如资源和时间的可用性。你的关注点应该放在十几个有意义的组织氛围和内部氛围上。你可以在以下讨论中了解这些内容，本书附录中有一组关键问题，可用于评估当前组织内的氛围情况。

## 认识反映组织氛围的信号

某些氛围可以同时影响多个团队。例如，公司或业务单位范围内的政策和举措（例如，关于奖励政策），以及高层领导者的行为和沟通方式（例如，高层领导者是否与他人合作良好）都会发出广泛的信号，可以强化或削弱团队合作的重要性。下面我们将描述这些氛围，并提供一组问题，你可以通过这些问题来评估当前的氛围，并激发出如何改善现状的讨论。

08 驱动因素6，氛围，鼓励什么就会得到什么

在阅读时，你可以回顾能够反映组织氛围的各种信号，并思考：这些信号是支持还是阻碍了团队合作？有哪些氛围是可以改善的？

## 政策和举措

当政策和举措旨在以综合方式发挥作用并强化共享认知时，它们能够发出有关预期行为的强烈信号。那么，政策和举措如何影响团队合作呢？让我们来看看其中最突出的6个政策和举措。

**招聘工作**。在招聘和选拔过程中，候选人会对组织如何看待团队合作有一个初步印象。如果没有人询问他们在团队合作方面的技能和经验，只是评估他们的技术专长和个人成就，那么这就发出了一个早期信号，即在这个组织中团队合作不那么重要。招聘过程所传达的信息是：你得到这份工作，不是因为我们认为你会成为一个优秀的团队合作者，而是因为你的个人专长。你的面试方案和评价工具是否会评估求职者的团队合作能力？

此外，积极参与到整个招聘过程的领导者和员工会了解候选人的情况，并看到最终谁被选中。每一个招聘决定都能发出有关团队合作重要性的微妙信号。例如，你的公司是否乐于雇用那些技术水平高但缺乏团队合作精神的人？招聘人员是否会忽视有关候选人自私或无礼的信号？如果这类情况经常发生，那么即使告诉员工"我们很重视团队合作"也没什么作用，因为他们所看到的招聘过程与这一说法自相矛盾。

**入职培训**。每个新员工都会经历一些正式或非正式的入职培训。正式的入职培训旨在向新员工传达公司的期望，同时了解新员工的期望，它发出了有关团队合作的初始信号。但是，即使新员工没有经历正式的入职培训，他们肯定也会在团队中经历一个非正式的入职培训过程。

有时，新员工入职只是团队领导者告诉他"这是你的工位"，这同时传达了一个信息：不要指望其他人会帮助你。相比之下，如果团队中其他成员在最初几周内都积极参与，帮助和支持新员工，那么新员工就更有可能认为，团队合作和帮助其他成员是一种可以预期的常态。

**晋升和发展**。人们通常相信耳听为虚，眼见为实。员工的晋升体现了团队合作的相对重要性。

你所在的组织中，谁获得晋升，谁获得理想的发展机会，以及谁获得可自主选择工作任务的权力，这些都能说明团队合作是否真的得到了重视。员工也会注意到这些信号。如果团队合作很重要，那么在决定是否晋升一名员工时，就应该考虑他的合作能力。当那些以自我为中心的团队成员获得可自由挑选任务的权力和晋升机会，而优秀的团队成员却被忽视时，这就向所有人发出了一个强有力的信号：团队合作不重要。正如瑞典小说家弗雷德里克·巴克曼（Fredrik Backman）在《熊镇》（*Beartown*）一书中所说的那样："文化是我们所鼓励的和所实际允许的综合体现。"允许自私的人出人头地这种现象，会以一种意想不到的方式定义你的团队文化。

**绩效管理**。在绩效管理过程中，员工会收到来自团队领导的反馈，并与其进行讨论。这个讨论过程会发出一些相当强烈的信号，传达出领导者关于团队合作的真实期望。有些信号会在正式的绩效考核中显现出来，而有些信号则会在非正式的绩效管理讨论中显现出来。

思考一下，以下因素是如何阻碍团队合作的。某公司的绩效评价表格中没有与任何团队合作相关的内容，确立的目标完全与个人成就相关，团队成员从来不会被问及谁对他们有帮助，关于绩效评估的讨论全部都集中在个人绩效上。此外，该公司还采用强制分布评级系统，并规定必须指定一定比例的员工绩效不合格。

一家公司可能会声称团队合作很重要，但如果绩效管理过程完全是关于"我的"而不是"我们的"，员工就会从中领悟到个人而非团队才是真正重要的。澳大利亚艾特莱森软件公司修改了绩效评估流程，以强化每个员工对团队中其他人的影响方面的评估。他们想要发出这样的信号：他们将不再容忍那些聪明的"混蛋"，也就是那些通过给周围人制造麻烦来创造个人绩效的员工。

**奖励和认可。** 在高情境下，行为预期是明确和富有激励性的。薪酬和奖励决策，无论是物质上的还是非物质上的，都是为了确认和强化对行为的期望。然而在实践中，奖励可能会产生意想不到的后果。如果一名团队成员被告知他需要为团队合作做出贡献，但他却只在获得个人成就时才会得到奖励和认可，那么他很可能会认为团队合作并非团队的真实期望。这里传递的信息是：团队合作也许很重要，但在这里并不重要。

当然，许多人天生就有合作、支持其他成员、以团队为先的内在动机，但随着时间的推移，奖励和认可的分配机制发出的信号可能会削弱或增强这种动机。虽然很难设计出一套完美的奖励系统，但你至少可以考虑一下公司的奖励和认可系统是否在无意中阻碍了团队合作。

**培养领导力。** 虽然团队合作不只是领导者的事，但团队领导者确实起着极大的作用。经理和项目负责人怎样才能学会成为一名高效能的团队领导者呢？虽然少数人在领导力方面有天赋，但大多数人都需要一些指导，因此推动有效团队合作的一个关键条件是：制订正确的领导力培养方案，以建立关键的团队领导力。

你的组织会如何将员工培养成为高效能的团队领导者呢？例如，组织的领导力培训是教领导者如何领导一个团队，还是主要侧重于个人管理和业务决策？

## 高层领导力

高层领导者应该扮演什么角色呢？即使高层领导者都身处公司总部，他们的行为和沟通方式也会对能否让团队合作成为组织规范产生惊人的影响。在某种程度上，高层领导者为整个公司的团队合作奠定了一种文化基调，并创造了3种基本氛围。

**行为模式**。虽然大多数员工可能看不到高层领导者的日常工作，但高层领导者的行为仍能影响整个组织。安妮露丝·拉尔斯（Anneloes Raes）领导的一个欧洲研究小组对60多个高层管理团队进行了研究，发现当高层领导团队成员以合作的方式一起工作时，组织中的员工满意度和留任率显著提升。即使大多数员工没有与高层领导者互动过，这种影响仍会显现！信息是流通的，高层领导者的事迹会在组织内部广为流传。

高层领导者也会通过个人行为发出某些信号。如果一个领导者对下属大喊大叫或贬低同事，就会传递出这样的信号：团队可以接受不文明行为。MD安德森癌症中心的首席执行官彼得·皮斯特斯（Peter Pisters）最近告诉员工，他再也不会朝他们大吼大叫了。他似乎明白了不文明行为会对团队合作产生不利影响。

**沟通方式**。虽然我们认为行为通常比语言更重要，但是员工会仔细揣测高层领导者说过的话，以寻找关于重要事项的线索。高层领导者的沟通方式和内容可以揭示团队合作的重要性。他们是否强调企业成功需要团队合作？

他们讲述的故事是以成功的团队和团队合作为主题，还是只关注个人成就？

员工对高层领导者之间意见不一的信号极为敏感，因此高层领导者之间沟通的一致性也很重要。例如，领导团队的成员从规划会议回来后，每个领导者向自己部门的员工传递了不同的、以部门为中心的信息，员工之间会比较他们得到的信息，并发现其中的差异。当这种情况发生时，员工很容易得出高层领导者之间不团结，不能像一个团队一样工作的结论，并产生这样的想法："既然他们都不合作，为什么我们还要尝试合作？"

**建立心理安全感**。在整本书中，我们都在强调建立心理安全感的必要性。心理安全感由高层领导者自上而下建立。

高层领导者在多大程度上让员工敢于畅所欲言，表达担忧，并愿意提出不同意见呢？如果高层领导者通常会压制异议，责备别人给他带来坏消息，或者公开斥责犯错的人，那么这种领导风格就会向下层层渗透，使得整个组织中的其他团队领导者更难建立心理安全感。

### 关于文化的其他信号

在继续讨论团队内部氛围之前，我们先谈谈传达团队合作信号的其他两个微妙的线索。这些线索通常比我们之前讨论的那些要弱一些，但它们是鼓励或阻碍合作的助推器。

哪些人会聚在一起吃饭或喝咖啡呢？在许多高中，孩子们会聚在一起吃午饭，他们中的运动员不会和科学奇才坐在一起，科学奇才则不会和音乐天才坐在一起，等等。因此，在高中你不会看到太多"跨圈子"的交流或合作。

在某些公司中，你也可以看到同样的现象。如果在你的组织中，经理们只和同级别的经理一起吃饭，就会强化等级制度。如果员工只与同部门的成员共进午餐，就会强化筒仓效应，加深潜在的鸿沟，让跨团队协作变得更加困难。不过，康奈尔大学的凯文·尼芬（Kevin Kniffen）和他的同事发现，经常一起吃饭的消防队员的绩效略好一些。然而，公平地说，消防站是一个特殊的地方，我们不认为一起吃饭会帮助你的团队克服绩效问题。但是，与你共进午餐或一起喝咖啡的人，可以向其他人传递一个关于合作界限的微妙信号。

实体办公环境是什么样子呢？工作环境的配置也可以发出关于等级制度和团队合作的微妙而有趣的信号。例如，在一些军事会议上，带轮子的椅子和没有轮子的椅子之间有明显的区别。这暗示着，如果你的椅子没带轮子，你可能应该保持端庄。坦嫩鲍姆在美国海军战争学院与高层领导开会时，要求座椅带轮子的人（高级别的）转过身来，面对座椅没带轮子的人（低级别的），共同解决一个问题，这在一开始引发了一些混乱。顺便说一句，我们注意到军方领导人和私营企业相应岗位的领导者一样能力出众，他们中的大多数人已经学会了如何避免等级文化对团队绩效的影响。

椅子并不是唯一能传递等级信息，或者使合作变得更容易或更具挑战性的物理线索。纽约前市长迈克尔·布隆伯格（Michael Bloomberg），是一家以他名字命名的金融服务和媒体公司的创始人和首席执行官，他也是全球最富有的人之一。然而，在布隆伯格位于伦敦的新欧洲总部，他的办公桌并不比其他任何员工的办公桌大。在设计这座大楼的时候，布隆伯格的团队还特意建有大量中小型团体可以聚集在一起工作的办公空间。他们非常清楚物理空间会如何影响合作，并试图让其成为鼓励而不是阻碍合作的助推器。

## 激发团队内部的合作氛围

组织氛围为合作奠定了基础，并提供了团队合作的总体背景和全局信息。但是每个团队也在自己的内部氛围下运作，有各自的资源、日程、权限级别和任务配额。这些团队特定的要素可以创造一个高情境，在某些情境下，只有氛围得到改善，团队才能取得成功。

团队内部氛围的影响力可能非常强大。不过在个人主义横行或充满惩罚的组织文化中，我们也曾看到出色的团队合作行为，或者与之相反，在高度协调的组织文化中，团队却难以有效合作。以下是需要关注的最突出的4种团队内部的合作氛围。

**资源**。资源的重要性不容忽视，如果一个团队人员不足，预算不足，缺乏关键信息或设备，那么它肯定会陷入困境。团队的弹性将受到考验，其绩效也将受到不利影响。想要通过资源的配置来解决资源严重短缺的问题确实很困难，在某些情况下甚至是不可能完成的任务。

资源稀缺还会导致自私行为，因为团队成员会争夺有限的资源，从而导致信任度下降。在一个高度受限的环境中，团队需要集中精力来获取额外资源、确定现有资源的优先级，以及提出创造性想法来完成任务。

虽然缺乏资源会产生问题，但充裕的资源也不能保证团队效能更高。坦嫩鲍姆和他的一位同事对国家机构进行了一项研究，发现资源和创新之间存在曲线关系。当资源水平非常低或非常高时，创新水平都较低。当资源水平很低时，团队看上去无法适应；而当资源水平很高时，团队似乎觉得没有必要适应。因此，向团队投入额外资源来提高团队绩效的方法并非永远有效，但忽视资源的严重缺乏总是会导致绩效不佳。

**时间的可用性**。你可以将时间看作一种特定类型的资源,它可以极大地影响团队合作。请思考下面的思维实验。

想象一下,我们要求你与另外两个人组队。我们给你们每人分配了两个任务,如果你们集中精力,快速工作,每项任务需要 7 ~ 8 分钟就能完成。但我们要求你们合作,总共花 15 分钟完成所有的任务,你们自己的工作几乎就占用掉所有时间,那么你们会怎样协调呢?在这种情况下,没有任何多余时间会造成极强的约束,导致你几乎不可能和其他成员进行协调。这个实验的寓意是,期望人们在没有足够时间的情况下去审视、帮助其他成员,并与他们合作是不现实的。前文已表明,有时间复盘的团队会表现得更好。协调工作是需要花费时间的。

**自主决策权**。团队通常被赋予一定的决策自主权。自主边界有时候可以明确地划定,但情况并非总是如此。一些团队通过做出决策来了解边界,当他们超越未明确的权限范围时会获得反馈。

一些组织一直试图将决策权尽可能地下放,他们的许多团队都能感受到自身被赋能。而另一些组织则不太愿意下放权力。当一个团队缺乏足够的自主权时,他们通常会花费大量时间来寻求批准并对决策者进行向上管理。自主决策权不足会严重制约团队绩效。

对于每一个团队来说,他们是否有足够的权力来及时做出必要的决策都很关键。如果无法做到,那么他们应该明确需要在哪些方面增加自主权,并向高层领导者说明理由。

**团队使命或宗旨**。团队通常有一个既定的使命或宗旨。当团队拥有一个有感召力、使人全心投入、明确的使命,并且这个使命不能仅凭个人的卓越表现来实现时，它就可以鼓励团队成员在思考和工作中展开协作。

当使命很有吸引力时，团队成员会更容易认同这个团队，这一点非常重要。杰茜卡·梅斯梅尔·马格努斯和她的同事进行的一项元分析显示，当团队成员认同自己的团队时，会对团队效能产生积极的影响。如果一个团队的使命不是很令人信服，那么团队领导者应该帮助团队成员明确他们已经做出的成绩或能够做出的贡献类型，并尝试建立一种团队认同感，让团队成员能够团结在一起。

我们曾与一些团队合作，这些团队有着宏大的、引人注目的、以团队为导向的使命，包括治疗癌症患者或将宇航员送入太空。事实上，即使团队的使命没有那么宏大，团队也会有一致的宗旨和认同感。例如，会计、制造业团队和客户服务团队也能拥有统一的宗旨和认同感。宗旨和认同感可以帮助团队取得成功。

## 在更大的文化背景下促进团队合作

我们已经重点介绍了最突出的 4 种团队内部的合作氛围。但要记住，组织和团队存在于更广泛的文化背景中。世界各地的行为规范并不相同，这些差异会影响个人的合作方式。你可以将文化规范视为团队必须应对的氛围之一。

许多研究人员研究了文化差异，包括阿姆斯特丹大学的丹尼尔·巴利埃特（Daniel Balliet）和保罗·范·兰格（Paul Van Lange）。他们对先前的 83 项研究进行了元分析，研究了信任、惩罚和合作在 18 种不同社会环境中的作用。他们的一项发现是，在信任度高的社会中，惩罚更有可能促进合作，惩罚某人会被理解为是为了更大的社会利益，而不是为了维护个人权力。虽然他们的元分析研究的是社会层面的行为而不是团队层面的行为，但这也提醒我们，世界各地的文化规范各不相同，因此，在不同文化背景下的团队成员对情境线索的理解方式可能会有所不同。

例如，考虑一下关于权力距离的文化规范。高权力距离意味着，权力较小的人接受其他人比自己拥有更大的权力，因此他们倾向于服从权威。在权力距离较低的文化中，如荷兰，权力较小的人更容易直言不讳。相比之下，马来西亚或巴拿马等国家往往表现出更高的权力距离。一般来说，人们在低权力距离的文化中，通常比在高权力距离的文化中更容易建立心理安全感。但是，想象一下，当一些团队成员来自高权力距离文化，而另一些成员是在低权力距离文化中长大时，要建立团队心理安全感就会面临挑战。

在更狭义的层面，不同文化对同一信号的解读方式也会有所不同。还记得开车的比喻吗？如果你在纽约开过车，那么你可能会注意到纽约的交通信号灯不像其他地方规定得那么严苛。对纽约司机来说，红灯可能意味着"可以再挤一辆车穿过十字路口"，而黄灯并不意味着小心，而是"变成红灯前要开快一点"。当来自更守法规的城市的居民在纽约市开车时，经常会出现混乱，通常会伴随着纽约司机的咒骂声。这就好比在跨文化团队中，不同的团队成员在成长过程中所接受的文化规范不同，面对组织中同一信号的反应也不同。

一个跨文化的团队中会同时存在大量的文化规范。有些文化规范的差异相对较小。例如，两人见面时是否握手，会议开始时是否应该闲聊，是否可以询问对方的家庭情况。而有些文化规范的差异可能会引发更严重的问题。例如，在有些文化中，当别人还没准备好就结束会议是不礼貌的，但出于对当前会面人的尊重，我可能会在下一场会议迟到。如果参加下一场会议的各方都认同这一文化规范，他们可能会理解我迟到的原因。但是，如果下一场会议的参会人员认同的是一个人应准时结束上一场会议和准时参加下一场会议的文化规范（例如，美国大部分地区的文化规范），那么他们可能会把我的迟到理解为一种不尊重的表现。我原本善意的行为可能会让我的信任账户被扣分。

当我们为一家跨国公司举办一场经理会议时，我们目睹了文化差异是如何体现的。在一个宽敞的会议室里，与会者被分成几个较小的工作小组。这些小组代表了该公司的业务结构，因此小组成员是按地理位置进行划分的。例如，一桌的经理来自北欧，另一桌的经理来自南欧，第三桌的经理来自日本，等等。我们让他们围绕一系列的业务挑战展开讨论，并在各个主题之间留出时间，以便他们与其他小组一起分享自己的想法。我们观察发现，每当我们结束一个小组讨论时，其中一桌的参与者都会大声地继续他们的讨论。他们看起来好像很享受讨论带来的冲突！为了阻止他们，我们会走到他们的桌旁，把手放在正在说话人的肩膀上，然后大声提醒他们："我们开始大组讨论。"相反，在另一桌，我们发现经理们需要一些时间来"热身"，这样他们才能自如地开始讨论问题。对他们来说，重要的是要找到这张桌子上资历最老的人，当这些人有不同意见时，其他人会表现出非常小心和恭敬。如果你了解世界各地不同的文化规范，你可能就能猜出每张桌子对应的讨论风格。在这个例子中，经理们的行为并没有对错之分，虽然并不是每个人的行为都符合他们所在地区的文化规范，但我们可以很容易看到，更普遍的文化规范如何影响每个团队的行为方式。

在本书中，我们无法详尽地说明各种文化差异。如果你在一个跨文化的团队中工作，或者你将加入一个成员分布在世界各地的团队，那么我们鼓励你和同事谈论你们可能会遇到的文化规范。你应该会发现，你的新同事可能会对你的工作方式有着截然不同的理解！

还记得前文关于销售人员的案例吗？他们被要求作为一个团队来工作，但组织氛围和团队氛围并没有给他们提供支持。事实上，一些工作条件，比如，他们的薪酬政策，与公司促进以团队为导向的销售方式的要求会产生直接冲突。

后来公司做了一些改变，这些销售人员表现出了更多的合作行为。公司做出的改变之一是为所有销售人员建立一个认证计划。每个销售人员都有一个绩效组合，记录自己的销售业绩以及对团队的贡献，包括他们处理团队公共事务的回报和协助其他同事的指标。随着销售人员获得更高级别的认证，他们的薪酬也会相应增加，因此这会对团队中贡献更为全面的销售人员产生积极的影响。

高层领导者表达了他们对这一政策的支持。更重要的是，他们用实际行动证明了自己的承诺。在变革的几个月后，出现了一个转折点。当时，一名长期从事销售工作、为公司创造了大量收入的销售人员表示，他不想参与这项计划了。他认为自己实现了很高的销售额，并且长期以来业绩优异，所以他不应该再做其他事情。高层领导者告诉他，他们相信他能作为团队的一分子继续取得成功，他们希望他能成为公司未来的一部分，但如果他不参与认证计划，公司就没有适合他的位置。一段时间后，这位销售人员发现自己可以在团队环境中取得成功，并完成了认证要求。最重要的是，这让公司的其他成员都认识到，无论一个人创造了多少销售收入，管理层都不会容忍以自我为中心的行为。这种氛围使得公司的期望清晰易懂，并激励了团队合作行为。现在，团队合作已经融入他们的工作之中了。

TEAMS THAT WORK

# 逐项消灭问题，打造能成事的团队

**问题 1**
**我们缺乏可以帮助团队成功的资源，例如预算、设备、许可、信息等：**

- 清楚团队的需求是什么，为什么会有这样的需求。然后积极寻求团队所需的资源。
- 区分清楚团队真正的需求和你自己想要的需求。真正的需求是指如果缺乏这些资源，肯定会阻碍团队成功。想要的需求是指如果你能得到这些资源也不错，但如果没有也不会影响团队运行。把你大部分的"筹码"花在满足真正的需求上。
- 理想情况下，以一种能引起提供帮助的人共鸣的方式表达你的请求。例如，"我们担心，如果不能访问客户数据集，我们就不能按时完成报告，我知道按时完成对你来说非常重要。"如果你的请求听起来只与自己的利益相关，那么你得到帮助的可能性会很小；而如果你的请求听起来对能够提供资源的人很重要，那么你得到帮助的可能性就会大很多。
- 当你确定资源稀缺是无法改变的事实时，讨论团队在资源有限的情况下取得成功的方法。分析资源稀缺潜在的利弊是什么？我们可以在哪些方面重新与利益相关者谈判或降低他们的期望？

**问题 2**
**整个组织的政策或举措对我们小团队的合作造成了阻碍：**

- 识别哪些政策在你的控制范围内（标记为蓝色），哪些在你的控制范围之外但你可以发挥影响（标记为黄色），哪些是你既不能控制也不能影响的（标记为红色）。
- 改变你能控制的事情。尝试影响黄色区域中的内容，但要认识到是否能发生改变最终不是由你来决定的。不要花太多时间谈论红色区域的事情，因为那样只会令你沮丧，并且是徒劳无功的。尽量回避那些你无法改变的事情，想办法适应，进行调整后继续开展工作。

**问题 3**
**我们正在启动一个项目，但担心可能还不具备成功所需的条件：**

- 进行一次事前预演练习。想象一下什么可能让项目偏离轨道。制订计划，在问题出现之前尽量避免、最小化或减轻这些问题。
- 标出潜在的障碍，并寻求关键人物或其他合适的利益相关者的帮助。不要坐以待毙，希望奇迹发生。

# TEAMS THAT WORK

## 09

驱动因素 7，教练，
搭建团队与任务间的桥梁

The Seven Drivers of
Team Effectiveness

在前文中，我们提到过领导力对团队的影响，包括积极的一面和消极的一面，我们将深入探讨这个问题。让我们先快速回顾一下之前分享的几个故事，重点关注关键领导行为的存在与否。

保持步调一致有助于公羊队获胜。公羊队教练肖恩·麦克维确保所有进攻队员对如何应对特定情境有一个清晰的共享认知，还确保团队具有清晰且一致的行动。

缺乏责任感意味着失去未来的业务。在纽约第五大道的零售店里，销售人员向坦嫩鲍姆推销了一套不合身的西装，裁缝试图让他为自己的行为承担责任。团队领导过去没有追究过销售人员的责任，导致他一再做出对团队不利的行为，从而使顾客体验受到了影响，坦嫩鲍姆再也没有在那里买过东西。

"身高是教不出来的"，这是无法获得有效资源的例证。我们研究生院的篮球队面临着一个严重的障碍，球员身高不足和缺乏天赋。但是球队并没有邀请其他个子高或有天赋的球员加入，我们既没有消除成功的障碍，也没有获得必要的资源。结果显而易见，我们输了。

应对太空的孤独生活。在太空任务中，机组成员必须密切关注其他成员的情绪，互相鼓励，并有效地处理冲突。如果无法有效管理情绪和态度，就可能会削弱机组成员的适应力，并危及任务的达成。

缺乏心理安全感会导致致命的后果。在攀登珠穆朗玛峰的过程中，登山队有5人身故，正是因为领队没有在团队中建立心理安全感。他告诉队友"我的话就是绝对的规则"，结果团队成员不敢在关键的时候直言不讳，而缺乏异议的后果是致命的。

参与和赋能让坦嫩鲍姆不至于买到老年内衣。在诺斯通百货公司，销售团队的每个人都被灌输了合作服务好客户的理念，所以当苏忙于服务其他客户时，斯图尔特很容易就介入并为她提供补位。他们的共同努力让坦嫩鲍姆完美避开了不适合他的老人内衣。

有人懂松露刨花吗？最好的团队能快速适应和学习。在拉斯韦加斯的L'Atelier餐厅，领导者确保每一位厨房工作人员，无论是新手还是经验丰富的员工，都接受了充分的培训，这使他们能够合作得天衣无缝，他们的快速适应也得到鼓励。因此，当吵吵嚷嚷的顾客涌进餐厅并要求大量松露刨花时，团队马上聚在一起讨论，并迅速实施了一个创造性解决方案。

你鼓励和容忍什么，就会得到什么。在一家高端零售商店，一位销售人员假装打电话来逃避处理客户的退货。只有当领导者改变了团队氛围，鼓励团队合作，并且对自私行为零容忍，销售人员才会开始以团队的模式工作。

接下来的内容是关于教练的，或者更具体地说，是关于团队领导力的。请注意，我们并没有说接下来的内容重点是团队领导者，因为领导者以外的其他团队成员有时也可以表现出帮助团队成功的领导行为。我们希望接下来的内容对所有担任团队领导角色的人都有用,但它不仅仅适用于被正式任命的领导者。

关于领导力的文章很多,其中大部分都是由那些所谓的领导力"大师"提出的未被验证的建议。大量关于领导力的文献和研究,关注点都集中在如何成为一名成功的商业领袖或如何管理下属上。而我们更加专注于团队领导力。

团队领导力可能是富有挑战性的,但从根本上来说,有效的团队领导力是关于:第一,确保团队拥有所有必要的驱动因素;第二,使团队能够学习和适应。所以,你在本书前面所学到的内容都适用于这里。

在前文,我们将快速引用一些强调团队领导力的重要性的元分析,然后确定几乎所有团队都必须履行 7 项关键的领导职能(我们在开篇故事中已经提到了这些职能)。这些职能和相关行为,描述了一名优秀的教练可能会做的大部分事情,它们也会对其他驱动因素产生影响。这些职能会告诉我们需要做什么,但没有说明如何去做。

接下来,我们总结并提出了 4 种领导力方式,其中前 3 种基于强有力的研究证据,包含变革型领导力、共享型领导力和服务型领导力,第四种领导力方式基于我们的经验:文明型领导力。如果你熟悉这些领导力方式,可以跳过该部分,直接阅读文后的专栏。但我们认为,通过了解这 4 种领导力方式,你会发现一些关于如何展现和保持健康的团队领导心态的有趣见解。

那么,团队领导力是否影响团队效能呢?很明显,答案是肯定的。如果你在职业生涯中曾在不同的团队任职,那么你应该会体验到这一点。与一个优秀的团队领导者一起工作,和与一个糟糕的团队领导者一起工作的区别是强烈且明显的。以下一些元分析探讨了领导力如何影响团队效能。

梅尔泰姆·切里－布姆斯（Meltem Ceri-Booms）和来自荷兰和罗马尼亚的同事发表了一项基于 88 项研究的元分析，这些研究考察了领导行为和团队绩效之间的关系。同样，肖恩·伯克和中佛罗里达大学的研究人员（包括时任该校教授的萨拉斯）进行了一项元分析，该分析综合了 50 项领导力研究的结果。

以上元分析都显示，适当的领导行为与团队效能的各种主观和客观的衡量指标都呈正相关。

研究人员发现，以任务为中心的领导行为（例如，提供任务结构）和以人为中心的领导行为（例如，为团队成员赋能）都有助于提高团队效能。不管团队成员之间的相互依存程度如何，这些发现都是适用的。这些证据证实了我们的直觉：领导力几乎在所有类型的团队中都很重要。

## 始终如一，贯彻关键的领导职能

选一个运动队的优秀教练，可以是你或你的家人参加过的球队，也可以是你所喜爱的专业运动队。接下来，再选一位工作中非常优秀的团队领导者。虽然这两种类型的领导者带领团队的方式可能不同，但他们都会确保自己或团队中的其他成员有效执行了关键的领导职能。例如，任何一位优秀的教练都会让团队成员承担起责任，保证团队成员得到发展，帮助成员消除工作上的障碍，确保团队成员步调一致，等等。

如前文的示例那样，当关键的领导职能得到始终如一的贯彻时，团队成功的可能性会显著增加。

当我们排除所有的干扰信息后，找到了 7 项关键的领导职能。你会在下文中了解到这些职能及其相关的一些关键的领导行为。你可以将这些作为团队的检查清单，并确认这些措施是否落实到位。

以下是 7 项关键的领导职能：

- 以任务为中心
    1. 确保任务清晰并保持团队的一致性。
    2. 让团队成员承担起责任。
    3. 消除障碍和获得支持。
- 以团队为中心
    4. 管理团队情绪和态度。
    5. 培养心理安全感。
    6. 鼓励参与并为团队赋能。
- 以团队和任务为中心
    7. 促进学习和提升适应力。

> **能成事的领导者之思**
>
> 1. 是否所有关键的领导职能都得到了充分履行？哪些职能需要额外关注？
> 2. 哪些领导行为是由团队成员而非领导者展现出来的？
> 3. 团队成员还可以在哪些方面提升领导力？

根据我们对团队效能 7 大驱动因素的了解，表 9-1 列出了团队领导者（或其他团队成员）可以采取的一些关键的领导行为，以确保每一项关键的领导职能得到了充分展现。我们在前文已提到其中一些行为，你应该感到很熟悉。

表 9-1　团队关键的领导行为

| 关键的领导职能 | 关键的领导行为 |
| --- | --- |
| **1. 确保任务清晰并保持团队的一致性**<br><br>当团队成员拥有清晰、共享和准确的认知时，团队能够更好地协调和适应<br><br>谁负责确保团队任务足够清晰<br><br>如何使团队成员在角色和优先事项等方面保持一致 | • 提供方向感并制订计划以达到目标<br>• 建构和分配任务<br>• 保持态势感知（例如，审视情境、迭代更新）<br>• 确保团队在有关角色、优先事项和愿景的问题上拥有共享认知 |
| **2. 让团队成员承担起责任**<br><br>如果不采取行动让团队成员对他们需要做的事情负责，那么相互协调和团队绩效就会受到影响<br><br>谁负责关注团队并对可能偏离轨道的迹象进行识别<br><br>当团队成员没有达到期望或表现无礼时，会发生什么 | • 审视结果和过程<br>• 跟进以确保团队成员履行承诺<br>• 确保团队成员按预期进行协作和沟通<br>• 对"有害"的成员和表现不佳者进行处理 |
| **3. 消除障碍和获得支持**<br><br>所有团队都会面临障碍和挑战<br><br>谁来负责帮助确定和消除障碍<br><br>谁能确保团队有足够的资源和支持<br><br>谁与团队外部人员维持着良好的关系 | • 寻求必要的资源（例如资金、人才和支持）<br>• 管理与团队外部人员的关系（例如跨界沟通）<br>• 帮助解决问题<br>• 审视环境 |
| **4. 管理团队情绪和态度**<br><br>研究表明，如果没有"正确的"合作态度，就很难维持团队效能<br><br>谁在负责审视团队的整体状态，并管理团队情绪和态度<br><br>谁在激励团队并使其保持活力 | • 激励和启发他人（例如给予鼓舞）<br>• 促进协作性冲突（不是回避冲突或进行竞争性冲突）<br>• 建立集体效能和凝聚力<br>• 表现出个人对团队成员的关心 |

续表

| 关键的领导职能 | 关键的领导行为 |
|---|---|
| **5. 培养心理安全感**<br><br>如果你现在还没有认识到心理安全感的重要性,那我们就太失败了!团队成员缺乏心理安全感,沟通和表现都会受到影响<br><br>谁在采取行动,以确保团队成员能够轻松地表达自己的想法 | • 承认犯错或个人知识不足<br>• 鼓励不同的观点(例如感谢成员直言不讳)<br>• 建立信任(例如履行承诺)<br>• 明确可协商和不可协商的事项 |
| **6. 鼓励参与并为团队赋能**<br><br>没有人可以看清并完成团队中的所有事情。在有效的团队中,想法和贡献来自整个团队,团队成员感到自己被赋予了前进和互相帮助的权力<br><br>谁在鼓励团队成员参与并为团队的成功承担责任 | • 积极寻求他人意见<br>• 确保团队成员愿意互相支持<br>• 鼓励共享型领导力和进步<br>• 建立参与感和归属感 |
| **7. 促进学习和提升适应力**<br><br>最好的团队通过不断地学习和适应而变得优秀。这是保持团队效能的唯一途径<br><br>谁在帮助团队成员学习和成长<br><br>谁来确保团队随着时间的推移不断学习和适应 | • 审视团队成员的需求<br>• 促进个人学习(例如辅导、反馈)<br>• 促进团队学习和适应(例如复盘)<br>• 确保团队成员具备有效协调所需的能力 |

## 互相赋能,与其他驱动力相互促动

对于所有团队领导者来说,一个重要关注点应该是确保团队的关键驱动因素是有利的。履行重要的领导职能如何对其他驱动因素产生影响呢?表 9-2 显示了每项关键的领导职能对其他 6 大驱动因素的主要影响。

表 9-2 关键的领导职能对其他 6 个驱动因素的影响

| 关键的领导职能 | 能力 | 协作 | 协调 | 沟通 | 认知 | 氛围 |
|---|---|---|---|---|---|---|
| 以任务为中心 | | | | | | |

续表

| 关键的领导职能 | 能力 | 协作 | 协调 | 沟通 | 认知 | 氛围 |
|---|---|---|---|---|---|---|
| 确保任务清晰并保持团队一致性 | | | √ | | √ | |
| 让团队成员承担起责任 | | | √ | | | |
| 消除障碍和获得支持 | √ | | | | | √ |
| **以团队为中心** | | | | | | |
| 管理团队情绪和态度 | | √ | | | | |
| 培养心理安全感 | | √ | | √ | | |
| 鼓励参与并为团队赋能 | | √ | √ | √ | | |
| **以团队和任务为中心** | | | | | | |
| 促进学习和提升适应能力 | √ | √ | | | | |

表 9-1 中的关键的领导职能和关键的领导行为描述了团队领导力是什么。现在，我们要考虑如何做。从一些基于实证的领导力研究方法中，我们可以学到关于高效能团队领导力的哪些知识呢？

## 取其精髓，掌握经过实践验证的领导力方式

我们相信，只要存在领导者，就一直会有关于领导力的研究。当第一批狩猎者组成一个团队时，团队成员可能会观察他们的队长奥格，并试图搞清楚："为什么奥格要指派勒克去参加狩猎活动？"历史学家研究了历代的各个领袖，例如，凯撒大帝是一个好领袖吗？彼得大帝真的伟大吗？

乔布斯伟大吗？现代组织中的员工已经开始尝试"研究"他们的领导者，以决定自己是否要继续在那里工作，或者是为了确定自己是否有机会成为领导者。

人们从20世纪开始加强对领导力学术理论方面的研究。从那以后，关于如何成为高效能领导者的各种观点激增，包括特质理论、伟人理论（人们认为女性不会成为领导者的时候提出的理论）、权变理论、真诚领导力、魅力型领导力、领导者－成员交换理论、伦理型领导力和情境领导力，这些只是其中的一部分。我们不会对所有的理论进行回顾，我们也不会告诉你应该采取哪种特定的领导力方式。相反，我们试图从一些经过实证检验的领导力方式中提取可以学习的东西，让我们从变革型领导力开始。

## 变革型领导力

变革型领导力是指领导者通过鼓励、激发、参与和关心他人来进行领导。它经常与交易型领导力形成对比，后者更多侧重于奖励、表扬和惩罚。你可以把交易型领导力看作一种胡萝卜加大棒的传统领导风格，它旨在促使人们服从。作为交易型领导者，我会告诉你我的期望，如果你做到了，我就会奖励你。相比之下，变革型领导力会激励和吸引人们信任团队，并为团队的集体成功做出贡献。它是关于建立信任和承诺的。也许在你的职业生涯中，这两种领导力风格你都接触过。大多数领导者都表现出这两种风格，但往往会更倾向于其中一种。

变革型领导力的概念最初是由总统传记作家詹姆斯·麦格雷戈·伯恩斯（James MacGregor Burns）提出的。随后著名的领导力研究人员伯尼·巴斯（Bernie Bass）对这一理论的基本要素进行了补充。根据巴斯的观点，变革型领导力的一些核心行为包括：传达鼓舞人心的愿景和意义感，激发下属的质疑意识并挑战更高的标准,鼓励他们相信集体成功是可能的。它还包括通过倾听和指导来关注每个团队成员的需求,并在情感层面与人们建立联系。

从理论上讲,变革型领导力听起来不错(谁都想受到鼓舞),与交易型领导力形成了鲜明对比,但是它真的有效吗?王刚(Gang Wang,音译)、吴仁秀(In-Sue Oh)、斯蒂芬·考特赖特(Stephen Courtright)和埃米·科尔伯特(Amy Colbert)对113项变革型领导力的研究进行了元分析,发现变革型领导力与更高的个人和团队绩效相关。在个体层面,与变革型领导者共事的员工表现出更好的基本任务绩效,但并不一定比与交易型领导者共事的员工表现得更好,这两种领导力方式似乎都符合基本期望。变革型领导力与交易型领导力的区别在于,它会对超越基本任务需求的绩效产生影响。变革型领导力似乎更能鼓励个人努力投入,以超出基本工作职责和角色期望的方式自愿为团队做出贡献。

变革型领导力如何在团队层面发挥作用呢?变革型领导力与更高的整体团队绩效相关。即使在考虑了交易型领导行为(即使用奖励)产生的影响后,变革型领导力仍然带来了更高的团队绩效。这是因为高团队绩效不仅仅是每个人充分履行其基本职责的总和,通常还需要团队成员相互协调、在其他成员需要时施以援手、关心团队的目标(而不仅仅是个人是否会得到奖励),以及相信团队能够赢。变革型领导力的各个方面都与团队合作的要求非常吻合。

关于"软性"方面,德国哥廷根大学医学心理学和医学社会学研究所的迭戈·蒙塔诺(Diego Montano)和他的同事进行了一项元分析,发现变革型领导力还与员工的心理健康相关(例如,感到更少的压力和倦怠)。这表明,与具有变革型领导力的领导者合作,团队成员会产生积极的情感因素。总的来说，许多强有力的证据都证明变革型领导力是有效的。以下是我们从研究中得到的一些有用的经验教训：

- 如果你需要的不仅仅是服从，那么以奖惩为主的交易型领导力是不够的。
- 建立一种积极的、鼓舞人心的方向感和团队成员可以相信的集体目标（考虑让团队成员参与其创建过程）。
- 创建团队成员心中的高标准，并向他们提出挑战，以找出最好的方法来达成这些标准。
- 专心倾听，了解团队成员的需求和想法。
- 提出你对团队的期望标准（例如，合作行为、合作态度），并说到做到（信任是变革型领导力的核心）。
- 提醒团队成员，团队可以赢。

我们在很多组织中都看到了变革型领导行为。一个例子来自美国的SEFCU银行，这是一家拥有超过35万名会员和35亿美元资产的信用联盟。该组织成立于1934年，作为一个传统的金融机构运行了很多年。然而在2007年，首席执行官迈克尔·卡斯特拉纳（Michael Castellana）鼓励公司领导团队将他们的重点和目标从"金钱第一"转变为"强化对生活的影响力"。卡斯特拉纳建立了一种鼓舞人心的方向感，强调要在他们所服务的社区中产生重大影响，同时还要获得财务上的成功。他向自己的团队提出挑战，然后由领导团队向各自负责的团队提出挑战，以实现一些与愿景一致的宏伟目标。他让团队思考如何让这些目标成为可能，当金融市场紧缩时，他提醒团队成员，使命的重要性以及团队如何才能成功。自从采用这种方式以后，SEFCU已连续13年被评为所在地区的最佳金融机构。

## 共享型领导力

共享型领导力这个术语并不是用来描述如何对多个正式团队领导者进行任务分配。它也不是指在没有领导者的情况下，以民主的方式来管理团队。共享型领导力反映的是在许多团队中，包括在那些有正式领导者的团队中，不同的成员都可以站出来担起领导职责，且形式和过程通常是非正式的和随机的，从而帮助团队提高效能。领导力专家加里·尤克尔（Gary Yukl）是一个非常优秀的团队领导者，他认为，共享型领导力是指团队中的每个成员都参与到能够影响团队和其他成员的活动中来。这与本书的一个核心前提是一致的，也就是领导力不仅仅为领导者所独有。

仅凭个人能了解团队内部及内部所发生的一切吗？团队领导者能否识别、指导并应对所有紧急挑战和团队需求？在大多数团队中，领导者无法独自做到这些。随着工作内容变得越来越复杂，工作节奏越来越快，组织结构变得越来越扁平化，有更多人可以直接向团队领导者汇报，这扩大了领导者必须管理的人员和业务范围。对于一个领导者来说，现在往往有更多的事情要做，比如设定方向、审视环境、监督每个团队成员、管理外部跨界互动关系、建立团队规范、指导他人、提供专家意见、让团队成员承担责任、调解冲突、提供反馈等等。即使一个领导者有能力兼顾所有的一切，他可能也没有时间对所有的事情都做出反应。即使他有时间，他也可能并不是团队中最适合完成这些任务的人。一个领导者需要拥有超能力才能把这一切都做好。这就是为什么越来越多的组织开始采用分布式或共享型领导力，甚至在传统的垂直领导结构中也是如此。在大多数团队中，不同的成员需要完成一些类似领导的工作。

**当团队使用共享型领导力时会发生什么？** 在大多数团队中，一定程度的共享型领导力会自然而然地产生，但我们应该鼓励它吗？共享型领导力是

**能成事的团队**
Teams That Work

有利于团队还是会削弱团队？德雷塞尔大学的劳伦·迪·因诺琴佐（Lauren D'Innocenzo）、康涅狄格大学的约翰·马蒂厄和新罕布什尔大学的迈克·库肯贝格（Mike Kukenberger）对50多项共享型领导力研究进行了元分析，结果表明，使用共享型领导力的团队更加高效。王丹尼（Dani Wang，音译）、戴维·瓦尔德曼（David Waldman）和张震（Zhen Zhang，音译）对40多项研究进行的另一项元分析也得出了类似的结论。虽然这两项元分析之间存在一些细微的差异（例如，在工作非常复杂的情况下，有关共享型领导力是否变得更加重要的结论不一致），但有充分的证据表明，共享型领导力可以改善团队成员的态度和提高团队绩效。

我们也有理由相信，当所有的领导行为都必须由一个集中的、正式的领导者来完成时，团队很难快速适应。而共享型领导力能让团队更快地适应紧急需求。对此，音乐界有一个有趣的例证。

弦乐四重奏组合通常由第一小提琴手、第二小提琴手、中提琴手和大提琴手组成。传统上，第一小提琴手被视为领导者，但现在许多四重奏组合更多采用共享型领导力方式。英国伯明翰大学的荣阿蓝（Alan Wing，音译）带领一组研究人员对两个国际知名的弦乐四重奏组合进行了研究。每个四重奏组合都演奏了海顿四重奏第74号作品的节选。研究人员在曲谱演奏时间上做了刻意的变化，但未对演奏者进行排练。在其中一个四重奏组合中，团队成员会根据第一小提琴手进行调整适应，但作为领导者的第一小提琴手很少去适应团队。而在另一个四重奏组合中，调整是由所有团队成员共同完成的，而不是仅由第一小提琴手指挥其他成员完成。团队调整方式的差异归因于他们采用了不同的领导力方式。第一个四重奏组合采用的是由第一小提琴专制领导力方式，第二个四重奏组合则更多地采用共享型领导力方式。

最近，加拿大的多米尼克·特伦布莱（Dominique Tremblay）和一个由护士、医生和研究人员组成的团队，研究了如何将共享型领导力应用于由"团队组成的团队"。他们研究了一名47岁女性的病例，她接受了乳腺癌的治疗。随着患者的护理责任从肿瘤科转移到初级护理团队，协调和沟通方面都出现了挑战。该案例强调，不仅仅在医疗团队内部需要共享型领导力，跨团队之间（包括患者家庭成员）也需要共享型领导力。共享型领导力适用于任何需要协调、沟通和适应的场合，以确保为患者提供高质量的护理。

**怎样才能实现有效的共享型领导力？** 在某些情况下，领导者可以将非正式的领导职能安排给团队成员，比如，"杰西，你能不能指导一下乔，让他准备好处理棘手的汤普森项目"。然而，通常情况下，只有团队成员能意识到相关需求并对其做出响应时，共享领导力才会更自然地发生。无论在哪种情况下，为了使共享型领导力具有建设性，团队成员必须与团队的目标和规范保持一致，并相互了解正在发生的事情和团队的发展方向。换句话说，他们需要拥有共享认知作为基础。否则，一个本想提供帮助的团队成员可能会在无意中破坏团队。

希瑟·麦金泰尔（Heather McIntyre）和罗丝安妮·福蒂（Roseanne Foti）研究了表现出共享型领导力的稳定团队。他们发现，对共享型领导力有共同理解的团队表现得更好。这是有道理的，因为如果我认为只有领导才能够为我们提供指导，那么我可能不会对试图通过提供反馈来帮助其他成员做出很好的回应。如果一名团队成员挺身而出，执行通常由正式领导者完成的任务，而其他团队成员不会感到惊讶，那么共享型领导力就能更好地发挥作用。

当一名非团队领导者开始扮演领导者的角色时，会相应暴露一定程度的脆弱性，这也是很多团队成员不愿意在未经授权的情况下履行领导职能的原因。某个团队成员可能会想："当我和那位高层领导打交道时，我真的能代表我们团队吗？我最好还是安安静静地听着，然后做做笔记吧。"正式的团队领导者应该通过沟通让团队成员明白，在哪些情况下需要共享型领导力，在哪些情况下可以接受共享型领导力，以及在哪些情况下不适合共享型领导力。当共享型领导力的定义和界限不明确时，我们往往会看到两种极端情况。一种极端的情况是，一些团队成员永远不会挺身而出，即使是在团队需要的时候，因为他们不知道应该怎么做，害怕自己越界而惹上麻烦或被其他成员疏远。另一种极端的情况是，一些团队成员会不适当地挺身而出，认为自己有权采取某些行动（实际上这是不被接受的），比如代表团队做出承诺。只有界限清晰，团队成员在这些界限内得到授权时，共享型领导力才能发挥最大作用。有时，领导者需要沟通清楚每个团队成员的界限，因为对某个团队成员来说可以接受的行为，对另一个团队成员来说可能是禁区。

提升心理安全感的行为也可以为共享型领导力创造有效运行的环境。提升心理安全感能够增加团队成员自愿承担领导责任的可能性。这也让他们对于其他成员履行领导职能持开放的态度。

如果你是团队成员而不是团队领导者，你可能会想："当然，如果我挺身而出，可以帮助到领导者，但这样做真的对我最有利吗？"罗伯特·赫希菲尔德（Robert Hirschfeld）和他的同事对此进行了一段时间的研究，并区分了团队导向主动性和自主主动性。前者指的是为了团队创造更好的条件，例如，帮助他人更好地工作。我们认为这与集体导向有关。相比之下，自主主动性则是关注提升自己和改善自己工作的环境。赫希菲尔德发现，在团队环境中，具有团队导向主动性的人被认为有更大的发展潜力，而那些具有自主主动性的人则被认为潜力较小。这表明，为领导者分忧除了可以帮助团队之外，还可以给个人带来好处。

## 服务型领导力

1970年,罗伯特·格林利夫(Robert Greenleaf)发表了一篇名为《服务型领导者》(The Servant as Leader)的文章,提出了服务型领导力的概念。他的研究虽然本质上是哲学层面的思考,但最终推动了在工作环境中测试这些概念的研究工作。从根本上说,服务型领导者真正关心的是为他们的追随者服务,并为这些人创造成长和发展的机会。他们超越了个人利益,把他人放在第一位。这种领导力方式的一些支持者强调了谦逊在服务型领导力中的作用。

服务型领导力对某些人来说可能过于温和。如果你觉得变革型领导力有点软弱,那么服务型领导力可能会让你无言以对。你可能会想:"这不是领导力,这是追随力。"然而,服务型领导力并不意味着放弃权力、放弃责任或顺从。它只是很少依赖作为领导者的正式权力,而更多地依赖因领导者真正关注追随者需求而得到的信任。

需要明确一点,我们并不主张将服务型领导力作为高效能团队领导的唯一或主要指导原则。然而我们相信,通过了解它可以获得一些启示。让我们先来看看是否有足够的研究成果来支持它。

**服务型领导力是否有效?** 美国加利福尼亚州州立大学的朱莉娅·霍克(Julia Hoch)与她的同事威廉·博默尔(William Bommer)、詹姆斯·迪尔邦(James Dulebohn)和吴东元(Dongyuan Wu,音译)对变革型领导力、服务型领导力等各种领导力方式进行了元分析,并与之前更大规模的元分析研究进行对比,证实了变革型领导力是有效的。因为变革型领导力是目前被研究和验证最多的领导力方式之一。所以,霍克和她的团队对以下问题进行了研究:如果一个领导者展现出了变革型领导力,那么服务型领导力(或其他形式的领导力）是否还能起作用？

与变革型领导力（超过150项研究）相比，有关服务型领导力的研究（41项研究）要少得多，但足以进行合理的元分析。他们研究发现，服务型领导力与员工的工作绩效呈正相关，与员工将自己视为组织中的一分子（超越基本任务需求）的程度有更强的正相关，与员工的承诺和对领导的信任有非常强的正相关。另外，他们还发现，即使在考虑了变革型领导力的影响之后，服务型领导力也能预测那些积极的结果。相比之下，其他领导力方式对这些结果并没有太大影响。这表明变革型领导力和服务型领导力都能发挥作用，两者兼用可能是有益的。

为了进一步比较这两种领导力方式，荷兰伊拉斯姆斯大学的德克·范·迪仁东科（Dirk van Dierendonck）和同事进行了一系列关于服务型领导力和变革型领导力的对比研究。结果发现，这两种领导力方式都能提高员工的承诺度和敬业度，但影响的方式各不相同。服务型领导力之所以有效，是因为团队成员觉得自己的需求得到了满足；而变革型领导力之所以有效，部分原因在于团队成员认为自己的领导者是高效的。

同样，西澳大学的陈志军（Zhijun Chen，音译）和舒静（Jing Shu，音译）、周明建（Mingjian Zhou，音译）对30家美发沙龙的238名发型师进行了研究。他们发现，当团队领导者表现出服务型领导行为时，即使在考虑了变革型领导行为的影响后，团队成员的服务质量也更高，客户认为造型师更加以客户为中心。所以，我们的结论是，如果美发沙龙的领导者不是一个自以为是的人，你可能会有更好的体验。

**团队负责人如何使用服务型领导力？** 服务型领导力始于一种心态，那就是承认你有责任照顾好自己的团队和团队成员。这是一种健康的理念。如果你的团队成员认为你的行为主要是受自己的利益驱使，那么他们就不太可能信任你。在这种情况下，你只能使用交易型领导力，通过奖励和惩罚来迫使他们服从。交易型领导力虽然也有作用，但我相信你不会希望自己的工具箱中只有这一个工具，特别是当你需要团队成员能够积极参与并学会适应，而不是简单地听话照做时。

坦白地说，如果你是一个团队领导者，我们采访你的团队成员，他们会说你更关心他们的成功还是你自己的成功呢？我们不是在询问你的意图，而是你的团队成员如何看待你。用美式橄榄球来打个比方，从他们的角度来看，是否认为你表现得像一个明星四分卫，而其他人则在努力确保你能完成任务？或者你更像一个进攻边锋，试图保护他们，消除障碍，以便他们能够得分？至少在某些时候，被视为进攻边锋是一个有意义的优点。相反，如果团队认为你将获得一切好处，你就会发现团队很难维持长期的成功。

你如果想要运用服务型领导力，就要真正关心团队成员的需求，并在某些时候将他们的需求置于自己的需求之上：

- 做一些显然不符合自身利益但明显有利于团队成员的事情。这会有助于在团队里建立信任和心理安全感。
- 表现出你对团队成员个人成长的关心，用心倾听。
- 寻找可能阻碍团队成员前进的障碍，并利用你作为领导者的影响力来消除这些障碍。
- 为他们提供帮助，偶尔做一些可能会被视为苦差事的工作。例如，EarthEcho 国际公司的总裁菲利普·库斯托（Philippe Cousteau）在《快公司》(Fast Company) 杂志的采访中说："我有时会花上几分钟时间做点事，因为你不能要求别人做你自己都不愿意做的事情。"

从这个角度来看，服务型领导力并不是一种激进的领导力方式，它与变革型领导力或共享型领导力并不矛盾。它只是成为一名优秀团队领导者的一种方式。让服务型领导力融入你的能力中，以促进团队内部形成信任、心理安全感、凝聚力和集体效能等有益于团队合作的协作类型。

## 文明型领导力

还记得我们在讨论"有害"的人格特质时，一个表现出自恋的团队成员，是如何通过情绪传染的方式感染其他团队成员的吗？当表现出这些负面特质的人是团队领导者时，情况会更糟糕！我们关于文明型领导力的理论有两个主要原则：第一，不要成为一个"混蛋"；第二，不要容忍团队中的不文明行为。

我们希望领导者的不文明行为就像独角兽一样，罕见到我们几乎没有遇到过。克里斯蒂娜·皮尔逊（Christine Pearson）和克里斯蒂娜·波拉特（Christine Porath）写了一本关于职场不文明行为的书，名为《不良行为的代价》（The Cost of Bad Behavior）。他们发现，大约60%的不文明事件是由组织中地位高于对方的人引发的。这种自上而下和由领导引起的不文明行为，实际上比同级间的不文明行为更为常见。

领导者的不文明行为包括：对某人做出贬低或贬损的言论，轻视某人，或以不职业的方式称呼某人。希望你在组织中从未遇到过这样的团队领导者。霍根测评公司的安伯·斯米缇克（Amber Smittick）和同事凯蒂·迈纳（Kathi Miner）以及得克萨斯农工大学的乔治·坎宁瀚（George Cunningham）收集了来自美国全国大学体育协会的52支大学女子篮球队的数据。他们发现，教练行为粗鲁的球队赢得的比赛较少。因为不文明行为会降低团队心理安全感，而心理安全感是团队表现的重要预测因素。事实证明，领导者的不文明行为并不稀奇，稀奇的是那些做出不文明行为，却仍能保持高度心理安全感和高绩效的领导者，毕竟这几乎是不可能做到的。因此，我们应当这样运用文明型领导力：

- 检视自己，不要做一个"混蛋"。你可以表现得强硬，但不要表现得粗鲁。审视团队的情绪。
- 不要容忍团队成员对其他成员做出没有职业素养的行为。不要相信一个表现出色的"混蛋"不会影响团队其他成员，他一定会降低团队的效能。
- 当团队成员意见不一致时，这可能是很有益的，帮助他们通过合作来解决问题，而不是通过竞争来解决。

**关于各种领导力理论的最后几点思考**

我们描述了一些具有强有力研究成果支持的领导力方式，我们对它充满了信心。我们并不建议你采用单一的领导力方式，你不需要宣称你将成为具备某一风格的领导者。我们建议你学习每一种领导力方式，集百家之长：

- 变革型领导力提醒我们要激励团队，而不仅仅是鼓励服从。
- 共享领导力提醒我们，如果领导者是唯一一个表现出领导行为的人，那么这可能是一个危险信号。
- 服务型领导力提醒我们将团队放在首位。
- 文明型领导力提醒我们不要做一个"混蛋"，同时也不要容忍他人的不文明行为。

主要领导力理论的支持者可能都会认同，如果你不了解团队成员的想法和感受，你就很难成为一名高效能的团队领导者。请注意，在担任团队领导者角色时需要避免一种认知偏差，即自我锚定偏差。

犹他大学的珍妮弗·奥弗贝克（Jennifer Overbeck）和南加州大学的维塔利亚·特劳特曼（Vitaliya Droutman）的研究揭示了权力会如何影响我们对他人的看法。通过一系列的研究，他们发现领导者更有可能出现自我锚定行为。

这是什么意思呢？这意味着领导者更容易用自己的思维逻辑去推断别人的想法或感受。更具体地说，奥弗贝克和特劳特曼的研究表明，当人们处于掌权的位置时，他们更有可能假设团队成员会相信他们所相信的，感受到他们所感受到的东西。这并不是有意识的行为。领导者会下意识地认为，因为自己相信，所以自己的团队也必须相信。当你作为领导者时，你的自我锚定行为会在无意识中增加，有些甚至可能是生理性的。

劳里埃大学和多伦多大学的研究人员使用经颅磁刺激技术来测量大脑皮层的活动输出。他们对那些感受到不同程度权力的人进行了研究，发现处于领导者位置的个体表现出了较低的共振水平，这表明其减少了对他人的关注。显然，当我们拥有权力时，我们往往不会处理太多关于他人的信息，尤其是那些权力比我们小的人的信息。这时，我们很难读懂他人的情绪。而且，由于自我锚定偏差，我们可能误以为自己在关注他人，而实际上我们只是在关注自己。

当你处于团队领导者的位置时，请多注意自我锚定现象，问问自己："我对自己真正了解团队成员的想法和感受有多大的信心？"然后，承认自己可能过于自信，并与团队成员谈谈，了解他们的观点。你可能会对自己的发现感到惊讶！

TEAMS THAT WORK

# 逐项消灭问题，打造能成事的团队

**问题 1**
**团队中的人没有肩负起自己应负的责任：**

- 负责任的人会尽力做好自己的分内事，他们被认为是可靠和值得信赖的，被视为好同事。但是，如果没有明确的行为和绩效期望，团队成员就很难采取负责任的行动，也很难让其他人承担起责任。因此，增强责任感的一种方法是，确保每个人都知道团队对他们的期望。角色模糊可能意味着某些事情会经常被疏忽。尽量清楚地表述：你想让团队成员做什么？团队成员在这个团队中应该如何表现？

- 如果你是一个团队领导者，让团队成员承担起责任是你的主要职责之一，所以留出时间来检查，跟踪评估工作进展，并提供有价值的反馈。如果团队成员反复出现不履行承诺的情况，而且没有任何处理结果，那么他们不仅不太可能改变，而且还会向团队的其他成员传递一个信号，那就是不负责任在这个团队是可以接受的。对于那些"有害"的团队成员来说尤其如此。因此，必须对"有害"行为进行处理，否则整个团队都会受到影响。

- 理想情况下，团队成员也应相互负责，鼓励其他成员履行承诺，并在他们没有履行承诺时提供建设性的反馈意见。要确保团队中的每个人都知道，什么是可以接受的。

**问题 2**
**团队成员和领导者无法进行默契的合作：**

- 团队成员要认识到，领导者不可能掌控一切、处理所有的团队需求，所以团队成员也需要为领导者提供帮助。
- 重要的是，团队要对仅由领导者负责的工作设定清晰的界定。例如，团队领导者可能是唯一能够提供正式绩效反馈的人。
- 帮助团队成员明确，团队期望他们在哪些方面发表意见；哪些方面是可以但不是必须发表意见的；哪些方面是不允许发表意见的。

**问题 3**
**团队成员不善于从过去的经历中学习：**

- 一项重要的领导职能就是促进学习。简单地体验某事并不意味着团队能够从中学到东西。
- 当团队有意识地复盘、反馈和对经验进行诠释时，学习效果最好。
- 在某个关键经历之后进行经验教训复盘。回顾发生了什么，团队做得好的地方，以及哪些地方可以使用不同做法。总结经验教训，并商讨将来团队再遇到相似情况应该如何合作。

# TEAMS THAT WORK

## The Seven Drivers of Team Effectiveness

### 第三部分
## 打造一支能成事的团队

# TEAMS THAT WORK

善用决定团队效能的 7 大驱动因素

The Seven Drivers of
Team Effectiveness

在前文中，我们分享了正处于不断发展中的团队合作的相关科学研究发现和见解。我们希望当你在运用这些切实可行、基于实证的方法来提高团队效能时，能更加明智和自信。

正如本书开篇所述，我们相信，所有的团队领导者、团队成员或所有为团队提供支持的人，都应该了解真正推动团队绩效的驱动力是什么。这些知识使我们能够明智地决定如何在团队中更好地表现，以及如何支持我们关心的团队。它让我们避免被那些听起来合乎逻辑但实际上是错误的、容易理解但过于简单化或看起来真实但不符合实际的东西过度影响。人们通常不理解他们所不了解的事情，所以，如果你听到一个朋友或同事谈论团队合作的方式，而他们的讨论内容与你现在所了解的团队合作的科学有明显冲突，那么你可以把这本书借给他们看看！

了解本书中阐述的提升团队效能的 7 大驱动因素只是一个起点。那么如何才能最有效地利用这些知识呢？这取决于你在团队中所承担的角色是团队领导者、团队成员、高层领导者，还是顾问（如组织内的人力资源业务合作伙伴和组织发展专家等内部顾问，或支持团队的外部顾问）。后文将回答这个问题：我应该如何运用自己所掌握的有关团队合作方式的知识？

后文提供了关于如何将团队合作的科学应用于特定角色的可行建议。你可以选择阅读后文，也可以选择专注于了解与你当前所担任角色相关的内容。但在阅读接下来的内容之前，如果你想跳过本书的第二部分，那么我们在此为你提供一个关于团队合作的科学的快速回顾，这是适用于所有人的必读材料！

## 投入实践，激发团队绩效、弹性和活力

在我们看来，团队效能有 3 个表现：

- 持续的绩效表现：随着时间的推移产生积极的结果。
- 团队弹性：应对挑战和从逆境中恢复过来。
- 持续的活力：保持未来成功所需的能量、精力和资源。

如果团队成员在努力完成一个阶段目标的过程中筋疲力尽，并导致团队不能为应对下一个挑战做好准备，那么我们就认为这个团队是不高效的。

## 科学驱动，让团队卓尔不群

我们真希望能告诉你，这里有 3 件神奇的东西，可以让任何团队变得伟大。然而正如研究表明的那样，团队并没有那么简单。

团队在几个重要维度可能会存在差异。例如，团队是始终如一地执行相同的任务，还是任务需求会动态地发生变化？团队成员是相当稳定，还是频繁变动？团队之间最重要的差异在于团队成员之间的依存度。

而这些差异会影响团队效能,在第二部分,我们强调了某些方面对某些团队来说更为关键。例如,在高依存度团队中,集体效能和团队协作就比在低依存度团队中更加重要,在后一种团队中,文明行为和自信则变得更加重要。

理解团队的本质是一件很有好处的事,请思考一下你所在的团队在表 10-1 中 5 种标尺的哪个位置。

表 10-1 5 种标尺

|  | 低 | 中 |  | 高 |
|---|---|---|---|---|
| 依存度 | 大多数工作独立完成<br><br>(大部分时间独立完成) | 将独立完成的工作和依赖他人完成的工作分开<br><br>(独立与依存各半) | 大多数成员必须在大部分时间内相互依存或与他人协调<br><br>(大部分时间相互依存) | 成员始终相互依存或需要与其他成员协调<br><br>(完全相互依存) |
| 成员稳定性 | 几乎所有团队成员都保持不变<br><br>(高度稳定) | 偶尔会有人离开或加入团队<br><br>(基本稳定) | 经常有人离开或加入团队<br><br>(基本动态) | 不断有人离开或加入团队<br><br>(高度动态) |
| 任务一致性 | 任务需求在一段时间内保持不变<br><br>(需求一致) | 任务需求随时间缓慢变化<br><br>(需求逐渐变化) | 任务需求经常变化<br><br>(需求快速变化) | 任务需求变化迅速且不可预测<br><br>(需求不可预测) |
| 邻近性 | 所有团队成员都在同一个或相距很近的地点工作<br><br>(全部在同一个地方) | 大多数团队成员都在同一个或很近的地方工作<br><br>(大部分在同一个地方) | 大多数团队成员在不同的地方工作<br><br>(大多数分散各地) | 所有团队成员都在不同的地方工作<br><br>(完全分散在各地) |
| 相似性 | 所有团队成员都处于重叠的专业领域<br><br>(高度相似) | 大多数团队成员都处于重叠的专业领域<br><br>(大多数相似) | 大多数团队成员都处于不同的专业领域<br><br>(相当不同) | 所有团队成员都处于不同的专业领域<br><br>(高度不同) |

## 能力

能力是指团队中个体的能力和集体的能力。你的团队是否具备完成任务、应对挑战和维持绩效所需的知识、技能、能力、个性和其他个人特质呢？能力就是拥有足够的实力。如果你的团队缺乏必要的能力，那么你们将很难获得成功。

明确你的组织或团队所需要的具体能力，并在招聘员工和组建团队时将其作为标准。除了特定工作或技术能力之外，考虑寻找具有以下团队合作能力的人：

- 通用的技能：沟通技能、反馈技能、冲突化解技能、人际交往技能和领导力。
- 相关的团队合作常识：了解团队效能，以及优秀的团队成员在做什么。
- 个体特质：认知能力、集体导向、适应性、责任心、宜人性。
- 3类"有害"的人格特质：马基雅维利人格特质、自恋和与精神病态相关的特质。不要雇用或容忍"有害"的员工，不管他们的能力有多强。

你不可能奇迹般地运用团队组合来解决严重的人才短缺问题，所以有时你可能需要增加新成员或替换掉某些团队成员，以获得适合团队的人才。研究还表明，简单地增加"明星员工"并不是总能改善团队绩效。

## 协作

协作是指团队成员基于对团队的态度和信念而相互合作。团队成员如何看待所在团队和团队中的其他成员？他们认为团队能取得成功吗？他们之间信任彼此吗？他们是否相信自己能够与团队中的其他成员坦诚相待？他们对团队或任务有多大的投入度？

这些态度和信念是团队运作经验的产物（包含团队成员在以前团队的经验），并且在很大程度上受到7大驱动因素的影响。它们基于感知，而感知并不一定与现实相符。这就是为什么你不能要求某人信任你，你只能采取行动来加强他们对你的信任。

研究表明，团队的4种主要协作类型尤为重要，应成为你关注的重点：

- 信任：我是否期待其他成员做正确的事？我是否相信他们有积极的意图？
- 心理安全感：我可以坦诚并公开地分享观点吗？我是否相信其他成员会信任我（不会把我往坏处想）？
- 集体效能：我们是否相信团队能够完成任务？我们是否相信团队会赢？
- 凝聚力：团队成员如何看待我们的团队和工作？团队或任务对我们的吸引有多大？我们对团队或任务的投入度如何？

## 协调

协调是指团队成员在恰当的时间表现出正确的团队合作行为。与协调相关的是行动，而不是态度。在高效能团队中，团队成员审视可能会影响团队的事情，并且他们相互审视，在需要时为彼此提供补位或支持。此外，高效能团队是通过不断调整而变得优秀的。他们及时做出调整，并定期安排时间来复盘和做出长期的调整。

研究表明，以下是普遍适用且重要的 4 种团队合作行为：

- 审视（保持态势感知）：保持对团队内外部正在发生事情的了解。高效能的团队成员倾向于审视其他团队成员、团队绩效，以及他们所面临的情况的性质。
- 提供补位或支持：在其他团队成员需要时，为其提供建议、支持或补位。
- 适应：从经验中学习，并做出调整，以满足需求和提高绩效。
- 管理团队情绪和冲突：处理观点不同造成的冲突（不是通过竞争方式，也不是为了避免分歧），管理团队成员的情绪，并采取行动保持士气。

团队需要通过协调，确保每个成员都知道团队对他们的期望，并在有需要时向他们提供反馈，以确保他们达到这些期望。

## 沟通

沟通是指通过分享信息和知识来完成工作，保持合作意识，并在团队内外培养积极的关系。沟通对于有效的团队合作至关重要，但这并不是简单地告诉团队成员要多沟通就够了。在沟通方面，质量比数量更重要：

- 在最基本的层面，高质量的沟通意味着清晰、准确、及时地给合适的人分享有用的信息。
- 提高团队效能的关键是，传达其他人可能不知道或不能完全理解的独特信息和知识。例如，分享一条新的信息或更新事态的进展。公开交流其他人可能不知道的信息是在团队成员之间建立共享认知的有效方法。

- 高效能团队更频繁地使用沟通闭环，团队成员重述自己听到的内容，其他人予以确认或纠正。这样做大大减少了误解。

## 认知

认知指的是团队成员对优先事项、角色、正在发生的事情以及如何处理某些情况拥有共同或互补的理解。所有团队成员不需要知道完全相同的信息，但是总的来说，他们需要对信息有一个共同的且充分的理解，并且知道团队中谁拥有相关的知识和技能。换句话说，团队成员需要步调一致。

当团队成员能够对以下 8 个问题给出相似的回答时，团队通常会表现得更好。如果他们做不到这一点，你就需要采取行动帮助他们建立共享认知：

- 我们要去哪里？（愿景、使命和目标）
- 重要的是什么？（优先事项）
- 与谁相关？（工作角色）
- 如何做？（任务、工作规范、相互依存关系）
- 为什么做？（依据）
- 谁了解？（专业特长）
- 假设（应急措施，"如果-那么"模式）
- 发生了什么？（情境、信号）

## 氛围

氛围是指团队运作的场景或环境，它会极大地影响团队效能。氛围与团队成员的特质（例如，能力）相结合，共同决定了团队是否具备成功合作的基础。

某些氛围会产生广泛的影响，例如，组织政策和具体举措（招聘工作、入职培训、晋升和发展、绩效管理、奖励和认可、培养领导力）和高层领导采取的行动（例如，行为模式、沟通方式和建立心理安全感）。总的来说，这些都有助于定义你的企业文化。员工会了解什么是被鼓励的，什么是可以容忍的（例如，你是否会因为"有害"的员工能创造收入而为他们找借口）。由于这些整体氛围可以促进或阻碍整个组织中的团队合作，所以需要重点审视它们，并采取行动来弥补所有可能存在的缺陷或应对可能出现的后果。

其他氛围则更具有团队特性。其中资源、时间的可用性和自主决策权这3个方面会严重制约团队效能。通过团队组合来解决严重的资源短缺问题几乎是不可能的。如果团队成员几乎没有足够的时间来完成自己的任务，那么期望他们之间互相审视和提供补位或支持也是不合理的。你应该审视当地团队的氛围，并专注于弥补相关缺陷。如果你自己无法改善这些问题，那么请集思广益，发挥创造力去解决问题。

**教练**

教练是我们用来描述团队领导力的术语，但我们不是简单地关注那些正式任命的领导者。我们越来越多地看到，团队成员需要加强并履行一些领导职能，研究人员称之为共享领导。共享领导并不是指任命一个额外的领导者，它本质上是非正式的。

我们需要具备什么样的领导力才能确保团队成功呢？研究表明，几乎在所有团队中，领导者都需要履行7种关键的领导职能。其中一些领导职能可以由领导者单独履行，而在其他情况下，团队成员可以挺身而出并提供帮助：

- 以任务为中心
  1. 确保任务清晰并保持团队的一致性。
  2. 让团队成员承担起责任。
  3. 消除障碍和获得支持。
- 以团队为中心
  4. 管理团队情绪和态度。
  5. 培养心理安全感。
  6. 鼓励参与并为团队赋能。
- 以团队和任务为中心
  7. 促进学习和提升适应力。

我们还描述了 4 种领导力方式，每一种都可以为团队领导者提供有益的提醒：

- 变革型领导力提醒我们要激励团队，而不仅仅是鼓励服从。
- 共享型领导力提醒我们，如果领导者是团队中唯一表现出领导行为的人，那么这可能是一个危险信号。
- 服务型领导力提醒我们要将团队放在首位。
- 文明型领导力提醒我们不要做一个"混蛋"，同时也不要容忍他人的不文明行为。

到此我们完成了对关键内容的快速回顾。如果你想了解更多关于 7 大驱动因素的细节，可以重新阅读相应内容。但是现在，让我们转向如何应用这些知识。接下来，我们会关注不同的角色（见表 10-2），并给出可行的建议，帮助你将团队合作的科学的相关知识应用到实际工作中。

表 10-2 不同团队角色所对应的行动

| 你的角色 | 你可以采取的行动 |
|---|---|
| 团队领导者 | 帮助团队取得成功 |
| 团队成员 | 成为一个高效能的团队成员（这样做对团队和你的事业都有帮助） |
| 顾问 | 支持有需求的团队或组织，帮助他们取得进步 |
| 高层领导者 | 在组织中促进团队合作 |

# TEAMS THAT WORK

**11**

发挥每种角色的作用，
将团队效能提升到极致

The Seven Drivers of
Team Effectiveness

## 掌握团队合作的科学,做能成事的团队领导者

领导一个团队可能是一件非常具有挑战性的事,从根本上来说,能成事的团队领导需要确保团队拥有能力、协作、协调、沟通、认知、氛围和教练等 7 大驱动因素,使团队能够根据需求进行学习和调整适应。

以下是提供给团队领导者应用团队合作的科学的 10 条建议。当你阅读这些建议时,我们鼓励你至少挑选两项,在接下来的几个月内付诸实践,以帮助你的团队取得成功。你还可以尝试一些自己目前尚未实施或实施得不到位的行动,或是专注于一两项你已经知道,并且会在接下来的几个月里更加关注的行动。

**第一,确保你的团队拥有取得成功所需的人才。**

如果团队在核心领域有非常大的人才短缺,那么仅靠团队合作是很难克服的。团队需要充足的人才。

坦诚面对团队的人才缺口,并采取行动,包括:为团队成员提供有针对性的培训或指导,以提高他们的能力;引进、调动、替换或进行人才外

包，以填补人才缺口；修改任务分配或工作流程，以更好地适应团队成员的能力。

招聘新的团队成员时，要明确组织需要他们具备的能力，包括技术能力和团队合作能力。

**第二，让团队成员具有集体导向。**

并非每个团队成员都必须具有较强的集体导向，但你需要保证有足够多的成员具备这一特质。在招聘新员工或组建团队时，不仅要评估他们的技术专长，还要询问他们以往的团队合作经验，并对一些危险信号保持警惕，比如过度抱怨或指责之前的团队成员。避免聘用那些具备"有害"个人特质的人，即使他们在技术能力上是符合团队需求的。

不要把那些极富团队精神的成员累垮了。频繁安排他们来填补空缺、协助他人、充当志愿者或加班等，会让他们筋疲力尽。如果你进行复盘时发现一些极富团队精神的成员离开了团队，那么可能是因为你让他们感到精疲力竭，或者你没有认识到他们对团队的贡献。

作为领导者，如果你认可并奖励团队合作，你将会获得"团队成员愿意为之努力工作的领导者"的良好声誉。但如果你容忍"混蛋"的存在，就会获得完全相反的名声。

**第三，主动建立团队的集体效能，让成员们相信团队能取得成功。**

相信自己能赢的团队更有可能取得成功。虽然自信是有帮助的，但当团队成员必须相互依存时，仅凭自信是不够的，他们还需要对团队有信心。

通过讨论和庆祝团队的胜利和成就，可以提升团队的集体效能。解决问题固然很重要，但也要花些时间来分析团队成功的原因。问问自己团队如何在成功的基础上继续前进，以及我们从这次成功中学到了哪些可以应用到其他地方的经验。

**第四，在团队中始终以能持续提升心理安全感的方式行事。**

心理安全感让团队成员相信他们可以直言不讳、承认错误、指出问题、提出异议、寻求反馈，能够做真实的自己，而不会担心被严厉批评。作为团队领导者，你可以极大地影响团队心理安全感，这也是团队绩效最可靠的预测因素之一。

为了提升心理安全感，当你不了解某事或犯了错误时，要勇于承认；鼓励团队成员表达他们的担忧；当团队成员有勇气提出不同意见时，要感谢他们。你要把错误当作学习的机会，而不是借此责备团队成员。

但你也要认识到，提升心理安全感并不意味着软弱或容忍不可接受的行为。你可以在解决绩效问题的同时，提升团队成员的心理安全感。

**第五，让团队成员做好提供补位或支持的准备。**

提供补位或支持（例如，提供帮助、替补、给予提醒）对于团队的成功至关重要。为了进行补位，团队成员需要知道何时以及如何进行补位，并且必须掌握与任务匹配的技能。

明确你对何时以及由谁提供补位或支持的期望，并选择性地培训团队成员，让他们对其他成员的业务有足够的了解，以便在必要时能够提供帮助。

**第六，通过定期的团队复盘帮助团队进行自我调整。**

高效能团队很少在第一天就表现出色。他们通过不断地做出调整而变得优秀。

养成定期进行团队复盘的习惯，讨论团队如何进行更好的合作。询问团队成员哪些方面进展顺利，哪些方面需要改进。讨论团队合作和工作任务，批准一个或多个切实可行的调整方案，然后跟踪并评估进展情况。

在进行复盘时，你首先要提出问题，而不是告诉团队成员他们应该做什么。当团队成员能够自己发现那些他们所擅长的和有改进空间的事情时，他们就能更有效地适应。在他们有机会分享自己的观点之后，你可以对观点中遗漏的内容进行补充，或根据需要重新对他们进行引导。

**第七，审视并提高团队的沟通质量。**

你的团队成员是否曾因没有被告知或没有意识到某个行动或决定而感到惊讶？人们误认为大家了解所有信息，这往往会导致沟通受到影响。养成向团队成员提出以下问题的习惯："还有谁应该知道这件事？"

沟通并不是越多越好。简单的多交谈（或发送更多电子邮件）是不够的。高质量的沟通要求团队成员及时分享独特信息，并及时反馈，形成沟通闭环，从而确保大家对信息的清晰理解。

如果与外部人员沟通至关重要，那么请确保合适的人担任跨部门沟通的角色，并确保他们已经做好充分准备。当你需要所有团队成员传达一致的信息时，要确保他们都知道这个信息。这件事可能会经常发生，所以你应该和团队成员讨论"我们要怎么告诉大家关于 X 的事"。

**第八，确保团队成员在工作中步调一致，保持共享认知。**

高效能团队对方向、优先事项、角色和某些情况的处理方式拥有共享认知。当你的团队成员被问及这些相关问题时，他们会给出一致的回答吗？不要认为共享认知会在团队中自然而然地发生。

安排时间来复盘和讨论团队当前的优先事项和方向。我们团队成功时是什么样的？我们的优先事项是什么？为建立共同的理解和为未来做好准备，定期安排团队讨论相关的工作场景。你可以采用"如果－那么"模式对突发事件进行预防，可以这样问："如果某事发生了，那么应该由谁来解决？他需要做什么？为什么要这样做？"

清晰的角色定位非常关键。角色认知偏差（例如，我认为你会去处理，而你认为应该由我来处理）和角色冲突（例如，我们每个人都认为自己拥有做决定的权力）都会产生问题。列出团队的主要活动和决策，并明确每项活动和决策由谁负责，谁应该提供意见，以及事后谁应该更新信息。

**第九，持续提升你的团队领导力。**

领导力很重要，但有效的领导力并不意味着让领导者成为最显眼、最强势的那个人。在团队中过度依赖奖励和惩罚可以促使团队成员服从，但不利于建立承诺。你需要用行动证明自己致力于团队成员的成功，而不仅仅是你个人的成功，这样做可以传达出服务型领导力的感觉。你可以问问团队成员："我能做些什么来帮助你和团队取得成功？"

鼓励团队成员相互提供建设性反馈，给予建议和新想法，并相互负责。你不可能随时待在每个人的身边，所以你的团队要想茁壮成长，可能需要共享型领导力。

帮助团队建立一种鼓舞人心的认同感。在团队内部讨论以下问题："我们团队为什么存在？""我们会对谁产生影响？谁需要依赖我们？""我们如何才能真正有所作为？"

第十，发挥团队领导者的影响力来改善团队运作的氛围。

不利的团队氛围会阻碍团队的成功，但团队也很难一直在有利的氛围下运作。你的团队是否缺乏关键的资源、权限、时间、信息、设备或支持？

确保自己明确团队的需求（缺少它们，团队不太可能成功）和诉求（有帮助但不是必需的东西）之间的区别，并把大部分谈判筹码花在获取可满足需求的资源上。

避免对团队做出你不确定能否履行的承诺。如果某个决定超出了你的控制范围，最好告诉团队成员"我会研究这个问题，看看它是否可以调整"，而不是说"我会解决这个问题"，最终却没有解决。不履行承诺是信任的一大杀手。

## 说到就做到，做能成事的团队成员

希望你有幸和一些高效能的团队成员一起工作过。如果你身边有这样的人，那么你应该看到他们是如何帮助周围人进步的，而且他们的这种行为并非出于无私。你要么是一个卓越的执行者，要么是一个高效能的合作者，研究表明这种观点是没有根据的，你可以两者兼顾！你完全可以在努力追求个人卓越的同时也成为一名高效能的团队成员。

以下是团队成员科学运用团队合作的10条行动建议。这些建议反映了高效能的团队成员为了帮助自己和团队取得成功所采取的一些行动。当你阅读这些内容时，也要肯定自己目前一直在做且做得很好的地方。然后确定至少两项你打算在接下来的几个月里开始的行动，并且更加频繁或更加有效地采取这些行动，让它们成为你常规操作方式的一部分。成为一名高效能的团队成员对你的职业生涯、你的团队、其他成员和你所在的组织都有好处！

第一，时刻关注你的团队正在发生什么，前进方向是什么，以及你能提供哪些帮助。

了解你所在团队的需求和优先事项，以及你该如何为团队贡献自己的力量。如果你不确定团队的前进方向是什么，对团队来说最重要的是什么，或者团队对你的期望是什么，那么就亲自去确认，不要盲目猜测。如果你对这些问题没有充分的了解，就很难为团队的成功做出自己的贡献。另外，你不知道的这些事情，很可能其他成员也不知道，所以你提出这些问题也是在帮助大家。

了解其他成员的能力和喜好，这样你就知道谁可能需要你的帮助，以及你可以向谁寻求帮助。谁擅长X？谁最了解Y？谁可能从你的专业特长中受益？

第二，主动询问"我能帮什么忙"并提供支持，不要等到别人要求或请求时才这样做。

慷慨地贡献你的支持和专业知识。做到这一点可能很难，但如果你一直为其他成员提供帮助，那么他们更有可能将你视为值得信赖的合作伙伴，并在你需要的时候给予帮助。

保持开放态度并乐于接受他人的帮助。当其他成员提供帮助时，要感谢他们。即使你因为不需要支援而拒绝了对方，也要表示感谢。如果你总是把别人的好意拒之门外，总是说"我不需要任何帮助"或"我已经知道了"，那么你会发现当你真正需要帮助时，没有人愿意挺身而出。

**第三，为个人和团队寻找适应和改进的方法。**

高效能团队并不是第一天就表现出色，他们效率高是因为他们随着时间的推移在不断学习和调整，不断地寻找并分享可以让自己和团队改进的方法。

展现出个人的灵活性和尝试新工作方式的意愿。虽然不是每次尝试都会成功，但如果你从不尝试新事物，就很难提升自己。

如果你提出的建议被团队领导者忽视了，请不要气馁。你无法控制别人的想法，但你可以控制自己是否继续努力帮助团队变得更好！

**第四，履行你的承诺，一定要说到做到，完成好任务。**

信任在任何团队中都是至关重要的，言而无信是信任的头号杀手。

人们喜欢与可以信赖的团队成员一起工作。当你不确定自己是否可以做到时，请不要说自己会做到某事。

如果你预测到自己负责的事情会延迟或出现问题，那么请给别人提个醒。不要指望奇迹发生，否则在交付的那一天你能做的只有道歉。如果你意识到可能存在问题，请及时提醒可能受到影响的成员。

**第五，做一名有效的沟通者。**

有效的沟通并不是更频繁地交谈或发更多的邮件，它与更高的沟通质量相关。首先要倾听别人在说什么，然后将你所理解的意思同步给对方（例如，"你是说现在这个项目比我们正在做的另一个项目更重要？"）。这种沟通闭环让双方有机会澄清或确认自己说过的话，从而大大减少误解。

人们很容易误以为别人已经知道自己所知道的信息。这种情况经常发生，以至于有一个专门的名称叫"大家都知道"的认知偏差。如有疑问，请分享你所知道的信息。你会惊讶地发现，你以为其他成员知道的事情，他们往往都不知道。

改善团队沟通质量的一个简单而有效的方法是养成提这个问题的习惯："还有谁应该知道这件事？"

**第六，更关注什么事是正确的，而不是谁是正确的。**

在团队中分享你的观点，但你分享的目的应该是确保最好的想法得到采纳，而不是自己的观点获胜。同样是为了找到最佳答案，那些以合作方式提出不同意见的团队，通常比以竞争方式提出不同意见的团队（每个人都捍卫自己的观点）表现得更好，同时也比逃避分歧的团队表现得更好。不要假装同意，事后又抱怨某个决定。

如果你发现自己不断地为自己的想法辩护，并重复自己的观点，那么你可能更关心如何赢得胜利，而不是做对团队最有利的事情。建议你自我检查一下。

有时候，最好的解决办法是将不同的观点进行有效结合，所以要尝试把不同的观点关联起来，以找到更好的替代方案。

**第七，要勇于承认错误，大声说出感谢。**

没有人是完美的，我们都会犯错。当你犯了错误或伤害了别人的感情时，要承认错误，真诚地道歉，并且避免在未来重蹈覆辙。

要勇于承认错误。如果你曾经和一个从不愿意承认错误的人一起工作或生活过，那么你就会知道那有多令人沮丧了。

当团队成员做了一些有帮助或积极的事情时，对他们说声"谢谢"。你充分表达谢意了吗？只是在心里表示感谢和把"谢谢"说出口是完全不一样的！

**第八，在团队中寻求和提供反馈。**

让其他团队成员可以轻松地向你提供反馈。感谢他们分享自己的观点。请不要把不满藏于心中，要尝试跟他们解释为什么他们的反馈不恰当。定期询问其他成员的反馈（"我做得怎么样？""我做的哪些事有帮助？哪些方面我还能做得更好？"）。寻求反馈可以让他们知道你愿意接受意见。

向其他成员提供建设性的反馈，但要清楚哪些情况应在私下进行反馈。一般来说，如果反馈可能让对方感到不舒服，你就不应该当着其他人的面反馈。

向团队领导者提供建议，帮助他们取得成功。向上反馈可能会更难，因此很多领导者都无法得到足够的反馈。首先，询问你的团队领导者是否愿意听取你对某个问题的建议，提前了解他们的话题禁区。

**第九，不要做"有害"的团队成员。**

"有害"的团队成员会做什么呢？他们说话伤人，发表不恰当的评论，行为粗鲁，让其他成员难堪，不努力投入，说其他成员的坏话，总是很悲观或喋喋不休地谈论那些惹他们生气的事情。

如果你身边有人总是表现出上述行为，你就会知道和他们共事有多难。千万不要成为那种类型的团队成员。

每个人都有不顺心的时候。但是，如果你经常表现出这些"有害"行为，就是在伤害团队，甚至可能危及自己的职业生涯。

**第十，与团队外部人员交流时，代表你的团队和其他团队成员。**

当你和团队外部的人员交流时，寻找机会推广你的团队，并把团队放在正确的位置上。宣传自己当然没有问题，但优秀的团队成员也会对自己的团队赞不绝口。

尝试为团队争取支持、建立联系和获取资源。至少成为积极的团队推广大使，永远不要向外人抱怨自己的团队！

确保你已经准备好以简洁且有建设性的方式，回答"你们团队最近在做什么"这个问题，必要时向团队领导者寻求建议。

## 发现真正的问题，做能成事的团队顾问

不管你是人力资源业务、组织发展、学习和发展或质量管理方面的内部顾问，还是支持不同组织团队的外部顾问，你都经常会被邀请去帮忙提升团队合作与协作水平。作为一名顾问，你可能需要帮助一个陷入困境的团队，指导一位团队领导者，或者就如何促进整个部门或组织内更大范围的协作向高层领导者提供建议。无论是为了满足哪一种需求，理解团队合作的真正驱动因素都是很有帮助的。

以下是作为咨询顾问运用团队合作的科学的 10 条建议，其中有些可能适用于你目前的角色和客户需求，希望你至少能找出两条对你未来几个月的咨询工作有帮助的建议。那么，这些建议中有哪些可以帮助你成为更好的顾问呢？更重要的是，哪些建议可以帮助你的客户提升团队效能呢？

第一，尝试找出团队陷入困境的真正原因（或者是什么阻碍了组织中的协作）。

试着找出促进和阻碍团队合作的因素。当有人说"我们的团队成员间相处得不好"时，这到底意味着什么？通常情况下，你需要对所述问题进行更深入的挖掘。我们在本书中描述的 7 大驱动因素中，哪一个可能是导致这个问题的根源？你可以参考使用本书附录 4：7 大驱动因素的快速诊断工具。

当你发现真正的问题时，根据对驱动因素的深入理解来指导团队采取

正确的行动。然而，没有任何一种解决方案适用于团队存在的所有问题。例如，改善团队成员对团队合作的态度并不能使团队克服严重的人才短缺问题。

第二，选择合适的氛围，在不同的团队层级（个人、二人组、团队或组织）上采取不同的行动。

虽然恰当的解决方案可能涉及整个团队，但情况并非总是如此。有时相较于整个团队，与一个人或几个人合作反而效果更好。

切勿试图在团队层面解决个人绩效问题、团队领导者问题，或者两个团队成员间的冲突。有时我们需要做的，只是换掉某个团队成员，为团队领导者提供指导，或者帮助两个团队成员私下解决冲突，而不需要进行对整个团队的干预。

如果整体业务中反复出现协作和团队问题，那就表明在更广泛的组织氛围中可能存在阻碍团队合作的因素。在这种情况下，应该考虑更全面的解决方案，例如，改善企业文化，确保高层领导者发出正确的信号，更好地协调人力资源政策和举措，而不是一次又一次地在各个团队中"救火"。当你在考虑这些更广泛的组织氛围时，本书附录3"评估团队氛围的关键问题"可能会有所帮助。

第三，避免对能带来美好感受的活动或体验抱有不切实际的期望（比如一起去露营）。

虽然团队可以安排一些有趣的活动或娱乐，但不要指望这些活动能解决协调障碍、沟通不畅、缺乏共识、能力不足或不利氛围等方面的问题。同样，也不要指望未经验证的人格类型测试能解决重大的团队效能问题。

研究表明，团队成员间熟悉彼此的工作能力、专业特长和知识，远比熟悉彼此的个人生活更有益。与工作相关的熟悉度能有效提高团队绩效。许多引导师将谈论个人生活视为一种有趣的话题练习，但它对团队解决真正的问题帮助不大，而且还可能让一些团队成员感到不舒服。

避免只依赖一种最符合心意的做事方法，否则你最终会用它来解决大多数团队问题。当你手里只有锤子时，你会觉得一切看起来都像是钉子。记住，一种方法并不能适用于所有问题！

**第四，为你和你的组织创建基于循证的团队优化工具箱。**

一些最有效的循证干预措施包括：团队复盘、团队培训、角色澄清和团队章程制定。精通这些干预措施是很有意义的。

确保你的工具箱中包含各种有效的方法，可以满足个人（如指导一个团队领导者）、二人组合（如解决冲突）、团队（如引导一个复盘会议）和组织（如审查关键政策和举措）的需求。

**第五，教团队领导者引导他们的团队适应和自我调整。**

高效能团队会随着时间的推移不断适应。当你和他们一起工作时，你可以帮助他们，但你不可能总是在那里随时提供帮助。因此，你应该让团队领导者做好准备，在没有你的情况下帮助团队学会自我调整。

想方设法教授团队领导者关于团队合作的科学知识。确保他们了解 7 项基本的团队领导职能，以及如何有效地运用共享领导力。

教授团队领导者复盘方面的知识（包括如何有效地进行复盘会议）。然后，引导他们和团队开展复盘工作，并鼓励领导者自己引导下一次团队复盘工作。复盘是一种经过验证的方法，可以帮助团队更有效地适应变化。复盘工具（见本书附录 2）包含复盘的技巧和快速复盘会议大纲。

当领导者知道是什么在真正驱动团队效能，并能够引导团队进行复盘时，他们的团队通常能够在没有顾问指导的情况下学习和适应大多数挑战。

**第六，在适当的情况下帮助团队建立共享认知。**

共享认知是指团队成员对团队的优先事项、团队成员的角色以及如何处理某些情况等有共同或互补的理解。例如，当你问每个团队成员"团队中最重要的事情是什么""在特定情况下，谁应该做什么"，或者"团队中谁最了解 X"时，他们会给出类似的答案吗？这是一个很好的诊断测试。

你可以通过发展方向设定方法（例如，愿景设定、章程制定、事前分析）、准备方法（例如，角色澄清练习、交叉培训、基于场景的训练）、更新方法（例如复盘和聚在一起开会）和融入方法（例如新成员入职、新领导者融入会议），帮助团队建立更清晰的共享认知。

**第七，帮助员工成为更好的团队成员。**

教导员工认识到高效能的团队成员应该有的行为表现。要求他们对照自己的行为进行反思，哪些是他们目前表现得高效的行为，哪些是他们可以表现得更高效或更频繁的行为？你可以在员工培训期间或团队能力培养活动过程中介绍这个部分。

帮助员工培养可迁移的团队合作能力,他们在整个职业生涯中都能使用这些技能,包括沟通技能、反馈技能、冲突化解技能、人际交往技能和领导力。确保他们知道自己既能成为优秀的执行者,也能成为出色的团队合作者。

**第八,促进心理安全感的发展。**

心理安全感使团队成员相信他们可以在团队中直言不讳、寻求帮助、提供反馈、提出问题、分享专业知识,而不会受到严厉批评。成员缺乏心理安全感往往是许多团队合作出现问题的根源。

熟练掌握建立心理安全感的方法,并培训或指导团队领导者在团队中建立心理安全感与信任,这将为这些领导者及其团队在整个职业生涯中带来长期的回报。

**第九,帮助高层领导者带领团队更好地合作。**

通过培训让高层领导者了解什么才是真正推动团队合作的因素,以及他们应该如何促进组织内部的协作,例如,将前文中的建议分享给他们。

鼓励高层领导者在平时的行动和沟通中都表现出对团队合作的重视。考虑引导他们完成这样一项练习:回顾一下自己做过的事和说过的话,有哪些能表明自己重视团队合作,有哪些可能会被其他人认为不重视团队合作。

帮助高层领导团队更有效地合作。当他们合作良好时,会做出更好的决定，并产生更好的结果。同样重要的是，领导团队的运作方式会向整个组织中的其他成员传递一个信号，即团队合作是否符合预期的规范。可以考虑引导他们进行团队复盘。

第十，如果你试图促进整个组织的团队合作，那么请考察组织的相关政策和举措，以确保团队处于适合合作的氛围中。

检查公司的招聘、入职培训、绩效管理和奖励措施，以及谁更容易得到晋升和更好的工作安排。思考这些政策和举措会如何强化或阻碍团队协作。

例如，面试应聘者时，是系统评估了他们的团队合作能力，还是仅仅评估他们的技术专长？员工对团队的贡献是作为绩效评估的一部分，还是仅仅评估他们的个人业绩？根据需要修改组织的政策和举措，从而更好地支持团队合作。请参考使用在本书附录 3 中的关键问题进行诊断。

## 让整个组织力出一孔，做能成事的高层领导者

作为高层领导者，你为组织中的团队合作奠定了基调。尽管大多数员工可能不会经常与高层领导者见面或交谈，但研究表明，高层领导之间发生的事情会以某种方式影响到整个组织。

你和其他高层领导者采取（或不采取）的行动，以及你说过（或没说过）的话，都会传递出一个信号，那就是团队合作是否真正受到重视。如果你相信团队合作是企业和个人成功的一个要素，你就会有意识地强化这一概念。

以下是作为高层领导者运用团队合作的科学的 10 条建议。当你阅读它

们时，我们鼓励你至少找出几项你将在接下来的几个月内会强调或关注的内容。你可能还会发现，与高层领导团队中的同事分享和讨论这些建议是有价值的。总的来说，哪些方面是你做得很好的，哪些方面是你需要花更多精力关注的？

**第一，明智地使用团队。**

不要什么事都用团队来解决。团队可能是一个很好的解决方案，但是"让我们组一个团队来解决或研究这个问题"，并非解决所有问题的正确做法。

当你组建一支团队时，请务必为其提供成功所需的资源（足够的人力、人才、资金）。如果你不愿意为一支团队配备足够的资源，那么你应该扪心自问："我们真的需要这支团队吗？"

当你组建一支团队时，要确保团队任务是清晰的，并给予团队成员足够的权力来完成任务。如果你曾经在一个方向模糊的团队中工作过，或者工作了一段时间后才发现这并不是领导者想要的，那么你就能体会到这是多么令人沮丧的事。为了避免这种情况，请团队制定出一份简短的团队章程，并根据需要为他们重新明确方向，然后授权他们做需要做的事情。

**第二，做出正确的人才决策，发出关于团队合作价值的正确信号。**

支持和提拔具有个人能力和团队精神的员工。

在评估人才时，不断地问自己这个人会让周围的人表现得更好还是更糟，以及他们是否有帮助团队成功的经验。

不要把那些对领导岗位不感兴趣，或没有领导能力但有才华的人，安排到需要带领团队取得成功的岗位上。

第三，你容忍什么，你就会得到什么。如果你在组织中容忍"有害"或自私自利的员工，那么你得到的就是更少的团队合作。

不要为"有害"的员工找借口，不管他们能带来多少收入，也不管他们有多聪明。如果所有人都不想和某位员工合作，那就表明你的选择有问题。

探查组织内部的"明星员工"是如何取得成功的。他们是通过踩在别人身上来成就自己的吗？他们是否耗尽团队的一切资源？他们是否独揽所有功劳？在你的组织中，你们能接受自私的行为吗？

考虑一下知识或信息独占者会有什么影响。当独占比分享更能获得回报时（他是唯一知道这些信息的人，所以他一定很聪明），人们就会学着不分享自己知道的信息，除非是必要的情况，或者分享能让他们获得好处。

第四，你鼓励什么，你就会得到什么。

宣传合作的价值，展现团队合作带来业务成功的实例。如果你讲述的故事总是以个人英雄为主角，那么这就意味着"我"总是比"我们"更重要。成功很少完全归功于个人，即使乍一看好像并非如此。

回顾你和其他高层领导者做过或说过（或没有做过或说过）的事，这些事是否有意或无意地传递了关于合作是否重要的信息。

言出必行。人们更相信他们所看到的，而不是所听到的，所以如果你想促进团队合作，就要通过自己的日常行为来证明这一点。最起码，要保持礼貌。当你需要强硬的时候可以强硬，但不要粗鲁。

**第五，在任职期间不要说其他高层领导者、其他业务和职能部门同事的坏话。**

你可能认为关起门来说的话其他人不会知道，但事实上这些话总会在整个组织中传播开来，而这会让你的下属很难与其他部门的同事开展合作。

如果你与其他高层领导者有矛盾，直接和他们谈谈。向别人谈论这些没有任何好处。

**第六，努力构建心理安全感。**

你不可能看到和知道所有的事情，所以你需要团队成员愿意直言不讳，提出他们的观点，寻求帮助，提供反馈，提出问题，承认错误，并分享专业知识。心理安全感能让团队成员相信他们不会因直言不讳而受到严厉批评，它也是团队效能最有力的预测因素之一。

你的一些行为会在团队中产生很大影响。如果你承认错误，坦诚自己不知道一些事情，感谢他人提供不同的观点，把出现错误当作学习的机会而不是触发惩罚的开关，那么团队心理安全感就会增加。如果你在其他人面前对那些承认错误的人喋喋不休，那么团队成员都会学会沉默。

心理安全感的建立一般从高层领导者开始，然后渗透到整个组织，所以你的行为将为团队心理安全感奠定整体基调。

**第七，花一些时间来改进高层领导团队的合作方式。**

当高层领导团队合作融洽时，企业更有可能取得成功，并且向组织的其他部门发出关于团队合作的正确信号。大多数高层领导团队并不是每天都肩并肩在一起工作，每位高层领导团队成员都要负责监管一块独立的业务，所以高层领导团队成员间的协调并不会自然而然地发生。这一点需要引起注意。

高效能团队会自我调整，所以每年至少进行两次时长 60 分钟以上的高层领导团队复盘，讨论："我们是如何作为一个团队一起协作的？""我们合作得好吗？""我们还能做得更好吗？""我们需要做出哪些调整？"确保这些讨论涵盖团队合作，而不仅仅是工作任务。问一些这样的问题："我们有多了解彼此情况？""我们的会议有什么作用？""对于谁拥有某些决策权是否明确？"等等。

改善会议质量的一个简单技巧是，对于每个议程项目，明确其目标是更新信息、寻求成员的意见，还是共同做出决策。或许你见过这样的情况：团队成员认为他们只是简单地提供信息更新，而其他人却开始提出并无任何要求的建议或试图掌控决策，接下来会发生什么不言而喻。明确意图有助于改善会议质量。

**第八，确保高层领导团队成员步调一致。**

如前所述，高层领导团队成员一般代表组织的不同部门，不会每天一起工作。团队成员可能会以不同的方式解读同一信息，从而导致彼此之间脱节。对于高层领导团队成员来说，维持共享认知是很困难的。

确保团队成员对角色和优先事项有共同的理解。对于"我们公司目前的首要任务是什么"以及"谁负责 X、Y 和 Z"这两个问题,每个成员都能给出相同的答案吗?如果不能,请花点时间来加以澄清。

在每次高层领导团队会议结束时,安排 3 分钟来确认已经做出的所有决策或行动计划,并就每个人将传达给他人的内容达成一致。当高层领导团队成员传达的信息相互矛盾时,它会产生连锁反应,使下属之间更难合作。

**第九,培养跨越职能和层级的工作关系。**

如果你只花时间和自己部门的人或与自己级别相同的人待在一起,就会向其他人传达一种微妙的信息:你的团队规范中允许存在筒仓效应。

认识到组织中已经形成或可能出现的筒仓或鸿沟。思考组织中主要在哪里存在筒仓效应,试着成为跨越这些边界的连接者,而不是看门人。如果你不能成为连接者,那就选一名可以胜任的团队成员。例如,具备两种职能领域经验的人通常可以充当有效的桥梁,因为他们懂得两种业务语言。

**第十,坚持对能够发出团队合作信号的政策和举措进行定期审查。**

例如,你的绩效管理和奖励措施是鼓励还是阻碍了团队合作?在招聘过程中是否系统地评估了求职者的团队合作能力?在你的组织中,谁有权力选择任务和获得晋升?在员工入职过程中,公司传达了哪些关于团队合作价值的信息?本书附录 3 中的关键问题,可用于检查能够影响团队合作的组织氛围。

# 团队通用能力列表

能力是指团队中个体的能力和集体的能力。其中包括完成任务所需的知识、技能、能力、个性和其他个人特质，以及克服挑战、与他人合作的能力，请根据需要进行调整。

下面列出了 5 种通用的技能，并提供了一张汇总表。你可以据此建立团队成员的选拔标准（例如，当你想要雇用新员工时，你需要寻找和避开哪些特质），并确定人才培养的目标。

## 5 种通用的技能

**沟通技能**：包括提供清晰的信息，提出有效的问题，积极倾听，以及理解他人。

**反馈技能**：包括观察和审视团队成员的工作表现，向他人提供建设性反馈，鼓励他人提供反馈，并理解接收到的反馈。

**冲突化解技能**：包括能够有效地提出不同意见，有效利用建设性冲突，诊断发生冲突的原因，化解和解决冲突，并帮助他人也这样做。

**人际交往技能**：包括推断对方的意图和情绪，适时传达同理心，解读非语言线索，调节自己的情绪，并能够影响和说服他人。

**领导力**：包括建设性地引导他人承担责任，激励和鼓舞团队成员，分享自己的专业知识，教导他人，明确期望和优先事项。

## 团队合作常识

具备团队合作常识需要清楚了解是什么提高了团队效能，以及优秀的团队成员在做什么。

## 5 种个人特质

**认知能力**。指进行推理、回忆、理解和解决问题等高级心理过程的能力，而不是指某人知道什么。团队成员需要有足够的认知能力来执行自己的任务，获取新的知识和技能，进行有效的沟通，并为有效的团队决策做出贡献。

**集体导向**。指团队合作的基本信念。集体导向程度高的人通常更喜欢团队合作，并认为团队至上。他们以提升团队利益为己任。通俗地说，我们可以称他们为集体主义者。

**适应性**。指适应变化环境的意愿和能力，灵活而不死板。

**责任心**。指可靠、有条理、有责任感的倾向。具有这种特质的人通常更喜欢有计划的行动，而不是随意的行动。

**宜人性**。指倾向于信任、乐于助人和合作，而不是高度竞争和怀疑他人。

## 3 类"有害"的人格特质

**马基雅维利人格特质**。具有这种特质的人认为操纵是有效且可接受的,对人性持有愤世嫉俗的观点,并拥有将私利置于原则之上的道德观。

**自恋**。这种特质的典型特征是自我价值感过度膨胀,对控制和成功抱有不准确的信念,以及强烈渴望向别人炫耀和强化自己的自恋情结。他们通常觉得自己高人一等,即使别人并不这么认为。

**与精神病态相关的特质**。例如,缺乏对他人的关心,极易冲动,以及在伤害他人后毫无悔意。具备这一特质的人通常极其擅长印象管理,极富魅力。

## 特定的能力

除了几乎适用于任何团队且与团队合作相关的可迁移的能力之外,还有一些能力只适用于与特定团队成员合作、处理特定任务或两者兼有的情况。下面将重点介绍其中的几种。

**基于特定任务的能力**。包括执行特定任务所需的技能和知识,而与团队中有哪些成员无关。这些能力通常可以通过个人培训、能力开发活动以及经验来获得。这些能力包括:

- 有效完成本职工作所需的知识和技能。
- 拥有准确的"如果-那么"模式,例如,对特定情况和问题做出适当的反应("如果 X 发生了,那么我应该做 Y")。
- 了解与此任务相关的其他人的角色,有时这也称为嵌入式知识。
- 特定任务所需的知识和技能,在必要时,能够为他人提供补位、支持或帮助。

- 了解具体的协调和沟通方案，包括标准和应急操作流程。

**特定团队的能力**。包括与特定团队成员和团队本身相关的能力，与任何特定任务无关。这些知识通常是通过团队的培训活动以及团队成员之间的长期互动来获得的。例如：

- 了解团队成员的知识，包括他们的一般专业知识、喜好、动机、优势和局限性。
- 了解团队的全局，包括其使命、愿景和优先事项。

**特定情境所需的能力**。包括执行特定任务的团队成员之间的共享认知和共同期望。这些能力可以通过团队的培训活动来培养，也可以通过共享经验来培养。例如：

- 具有共同的任务和角色期望——由具有独特的能力和偏好的成员组成的团队如何执行特定的任务（例如，团队特定的"如果-那么"模式，即"如果X发生，那么谁应该做Y"）。
- 了解团队成员所拥有的执行特定任务的专业特长。
- 了解在特定任务的相关问题出现时应该与谁联系。

表 T1-1　团队能力的类别和例子

| 类别 | 内容 | 注意事项 |
| --- | --- | --- |
| 5种通用的技能 | <ul><li>沟通技能</li><li>反馈技能</li><li>冲突化解技能</li><li>人际交往技能</li><li>领导力</li></ul> | 这些都是可以在任何团队中迁移的能力<br><br>你可以从潜在的团队成员身上寻找这些特质，由于这些能力是可以培养出来的，所以它们是人才培养和教练指导方面合适的目标 |

附录 1　团队通用能力列表

续表

| 类别 | 内容 | 注意事项 |
| --- | --- | --- |
| 团队合作常识 | • 清楚了解是什么提高了团队效能，以及优秀的团队成员在做什么 | 这是一种可迁移的能力<br><br>你可以在招聘时对应聘者进行评估，也可以通过人才培养和教练指导来发展技能 |
| 5 种个人特质 | • 认知能力（足够）<br>• 集体导向（足够）<br>• 适应性（特别是对动态环境的适应）<br>• 责任心（不要求每个人都必须很高）<br>• 宜人性（能够促进团队合作） | 这些个人特质都很难改变（尤其是认知能力和责任心）<br><br>你可以在招聘时评估应聘者的这些特质。你可以试着引导他们去思考如何以团队合作为核心，并提升他们的适应能力，但要改变他们的思维并不容易 |
| 3 类"有害"的人格特质 | • 马基雅维利人格特质<br>• 自恋<br>• 与精神病态相关的特质 | 这些都是非常稳定的人格特质，非常难以更改<br><br>你应该尽量避免雇用具有这些人格特质的人，如果这些人格特质出现在当前的团队成员身上，务必采取相应行动 |
| 特定的能力 | • 基于特定任务的能力<br>• 特定团队的能力<br>• 基于特定情境的能力 | 这些能力对于不同的团队来说是独特的<br><br>试着明确哪些基于特定任务的能力可以在加入团队后进行培养，哪些需要在招聘时提前评估。特定团队的能力（例如，了解同事的长处）只能在入职后才能培养 |

附录 2

# 团队复盘的技巧、心态和会议大纲

复盘是一种快速、简单但功能强大的工具，可以确保团队的学习力和凝聚力，并不断改进。在复盘过程中，团队成员回顾最近的工作经历，讨论进展顺利的地方和需要改进的地方。团队试图建立共识（例如，明确优先事项、角色、目标或如何处理某些情况），并制定计划以确保未来的成功（例如，他们打算在未来如何合作）。我们可以在团队经历任何事情后进行复盘，例如，在一个具有挑战性的情况或事件发生之后，在项目或工作周期的任何阶段，在轮班结束时，或在团队活动之后，都可以进行复盘。研究表明，进行复盘的团队比其他团队在绩效上平均高出 20%！作为复盘的组织者，你所采取的行动会产生很大的影响。

## 复盘的技巧

定期进行简短的复盘，而不仅仅是项目结束时才做事后总结。虽然项目结束时的复盘可能会为未来的工作提供一些可供参考的见解，但失去了在中途及时修正的机会。你需要养成定期进行相对快速的团队复盘习惯。

安排时间进行复盘。如果复盘是员工自发的，那就太棒了，但根据我们的经验，这种情况很少发生。因此，需要提前安排时间，一般 30 分钟就可以做一次简短的复盘。如果你想深入挖掘相关情况，可以安排 60 分钟。虽然关于复盘的频率没有最佳的标准，但每个月或每隔一个月复盘一次是比较合理的安排。然而，如果你的团队在动态环境中工作，并且始终待在一起，那么你可能希望更频繁地进行复盘，这就是为什么敏捷开发团队每天都聚在一起复盘。对于只是定期一起合作的团队，比如高层领导团队，每季度或每半年进行一次复盘会更好。

如果你是团队领导者，那么一定要使用以下复盘技巧：

1. **在讨论过程中，让团队成员先发言**。如果你先发言，可能会阻碍他们提出意见。
2. **承认你所犯过的错误，或者你打算如何做出改变**。这可以让其他人以你为榜样。
3. **鼓励所有团队成员参与讨论**。研究表明，那些团队成员参与较多的复盘效果最好。只是允许每个人发表意见往往不足以让一些成员发言，你需要积极鼓励他们分享观点，在某些情况下请直接询问，比如："苏珊娜，你是怎么想的？"
4. **当有人表达了自己的担忧或承认他们本可以做得更好时，不要责怪他们，让他们和其他成员对直言不讳感到安全**。否则，你会让其他人不敢表达担忧或承认误解某事。你不可能了解所有一切，所以你需要让团队成员愿意分享他们的洞见。
5. **一定要定期反思"是否应该调整一下我们的工作方式"**。如果需要，探索如何更好地进行调整（向前看）。收集会议上达成的协定，并在下次会议中跟进。

除了复盘的技巧，你还要警惕5个常见的可能会破坏或降低团队复盘价值的问题。如果你意识到这些问题，就可以想办法避免：

1. 领导者在团队复盘时说得太多（领导者只是一味地说，但没有提出足够的问题来引导团队）。
2. 重点全部聚焦在工作任务上（例如，工作的技术方面），而没有讨论团队合作问题（例如，我们如何沟通和相互支持）。
3. 团队成员觉得无法参与其中（这是层级分明的团队普遍存在的问题）。
4. 时间被浪费在达成一致意见和避免具有挑战性的话题上（在没有指导的情况下，几乎所有团队都倾向于安全的话题，即使有重要的问题还没展开讨论，也会将其延后讨论）。
5. 讨论只是在回顾（比如，呈现或讨论已发生的事情），而不是展望（比如采取行动或达成某些协议）。

## 复盘的心态

为了从复盘活动中获得最大价值，务必拥有以下心态。

**参与者第一，你第二**。当需要反思和批评的时候，让团队其他人先来。如果你一开始就告诉团队成员你认为他们做错了什么（或做对了什么），就会很难让他们直言不讳，团队成员也不太可能对任何后续计划拥有自主感。所以，避免说得太多或太早，否则会学不到东西。

**回顾过去,然后展望未来**。复盘基本上就分为这两部分。第一部分是回顾和了解发生了什么(往回看)。然后,基于这些观察,设定具体的行动计划(向前看)。

**提问并耐心等待**。让沉默成为你的朋友。提出问题,让团队成员有时间思考和回答,而不是替他们"填空"。你不可能看到和了解到有关团队的一切,所以,如果团队成员敢于直言不讳,那么你和团队将了解更多信息。

**关注什么事是正确的,而不是谁是正确的**。避免指责或惩罚。如果团队成员觉得自己会因为承认失误而受到惩罚,他们就不会再畅所欲言。此外,其他团队成员也不愿意承认任何可能让他们看起来表现糟糕的事情。

**让全体团队成员都能参与其中**。尽量让所有团队成员都参与进来。邀请全体团队成员参与,并邀请不爱发言的团队成员发表意见。

**做引导者,而不是操控者,除非团队成员无法提供有效建议**。将自己视为复盘的引导者而不是主导所有答案的人,这是非常有益的。

**强化"长板"和感谢坦诚**。要从团队成员的"长板"上入手来让团队变强。当团队成员承认错误时,要表示感谢,这样他们下次才愿意主动承认错误。

**承认一些与工作有关的事情你本可以做得更好**。当你承认自己的工作还可以改进时,团队成员会更容易学着这样做。①

---

① © The Group for Organizational Effectiveness, Inc. From gOEbase.

## 快速复盘会议大纲

**第一，定下基调（30 秒），说明为什么要进行复盘，团队将讨论什么：**

- 这是一个我们可以快速从经验中学习的机会。来回顾一下我们是如何处理这个情况、项目、事件、会议、转变、活动的。我们有哪些地方做得好？有哪些地方可以改进？
- 除了技术问题外，让我们审视一下团队的合作方式。

**基本假设**：我们都是有能力的、善意的人，都希望做到最好。复盘是为了让我们做得更好。

**第二，要求团队进行评论（5 ~ 20 分钟）：**

- 过去都发生了什么事？
- 我们在哪些方面做得好？我们面临哪些挑战？
- 下次我们应该采取什么不同的做法或重点关注什么？
- 哪些事应该多做，哪些事应该少做？速度能快一些吗？是否可以做得更好？有哪些事需要停止做？有哪些事需要开始做？
- 什么可以提高我们的效率？我们还需要什么？

**提示 1**：首先询问团队成员的看法。然后，承认某件你可以采取完全不同做法的事情，或者你将来会关注的事情。在你的影响下，团队成员会更容易表达自己的看法或担忧。

**提示 2**：如果团队没有讨论团队合作，那么你可以提出以下问题："我们作为一个团队，协作效果如何？"也可以问一两个具体的问题：

- 我们团队的表现如何？这个问题具体是指：
  - 沟通或信息共享方面做得如何？团队成员间是否相互寻求或提供帮助？有没有对工作做好准备或者规划？
  - 团队成员间有没有互相审视并提供补位？有没有有效处理冲突？团队成员敢于直言不讳或互相质疑吗？
  - 团队成员是否能与外部人员有效合作？有没有分享／安排相关资源？
- 我们的角色、任务、目标和优先事项是否明确？

**第三，表达你的观察和建议，并确认团队成员是否理解（2～5分钟）：**

- 强化团队成员的观察结果，或者你注意到的某些不同的观点，分享你对已经发生的事情或未来可能发生事情的看法。
- 确保你的反馈是清晰的、可操作的，并且集中在工作上，而不是针对个人特质。

**第四，总结所有已经达成一致的行动或未来的重点工作（2～3分钟）：**

确认团队未来是否会采取不同的措施，如果是的话：

- 明确谁应该做什么，什么时候做，以及这样做会如何帮助团队合作。
- 明确你将在何时以及如何跟进工作，并评估进展（例如，下一次复盘会议何时举行）。[1]

---

[1] © The Group for Organizational Effectiveness, Inc. From gOEbase.

# 评估团队氛围的关键问题

无论是促进还是阻碍团队合作，组织氛围都为团队效能奠定了基础。比如，公司或业务部门的政策和举措（例如，奖励机制），高层领导者的行为和沟通方式（例如，高层领导者之间是否合作良好），都会发出广泛的信号，从而证实或否定团队合作的重要性。这些氛围会同时影响多个团队，因此，在组织或业务部门中定期评估这些氛围是有意义的。每个团队都处于自己的团队氛围下，它们在资源、时间、权限级别和自己安排任务方面都存在不同程度的差异。这些氛围最好在团队层面进行评估。接下来是一些关键问题，你可以运用这些问题来评估团队当前的氛围，并就如何改善氛围展开一场讨论。

## 政策和举措

采用以下关键问题来回顾你所在公司的政策和举措。这些因素在多大程度上促进或阻碍了团队合作？哪些政策或举措可能需要修改？

**招聘工作：**

- 是否系统地评估了候选人的团队合作能力和态度？是否在面试评估过程中运用其他评估工具对候选人的团队合作能力进行了考察？
- 现实中，团队精神和团队合作能力在招聘决策中占了多大比重？
- 团队成员在招聘过程中的参与程度如何？通常是否只有团队领导者才参与其中？

**入职培训：**

- 在正式和非正式的入职经历中，公司会有意或无意地向新员工传达哪些有关团队精神和团队合作的信号？
- 我们应该向新员工强调关于团队精神和团队合作的哪些信号？我们想要传达的期望是什么？
- 团队采取了哪些措施来有效帮助领导者为新成员的加入做好准备？是否给他们提供了相关工具、提示或沟通要点？

**晋升和发展：**

- 谁更容易获得晋升，并获得有利的工作机会？是那些表现卓越的团队成员吗？是个人成绩耀眼的"明星员工"吗？还是那些自私自利、以自我为中心的人？
- 团队合作能力强的团队成员会得到什么呢？他们是被关照还是被忽视了？团队成员是否会作为一个高效能的合作者而获得荣誉？
- 那些难以相处但个人业绩良好的团队成员能否获得晋升，尽管他们属于"有害"的员工？

### 绩效管理：

- 在绩效评估过程中，在多大程度上将团队合作和团队协作作为绩效评估的一部分？我们采取了哪些措施来鼓励团队成员提升团队合作能力（如果有的话）？
- 对团队成员个人目标和成就的关注程度如何？是否设定了团队精神或团队合作方面的目标？
- 在评估绩效时，会在多大程度上征询团队成员的意见？例如，我们是否会询问谁在为团队做出贡献，谁在帮助其他成员取得成功？

### 奖励和认可：

- 通常谁会得到奖励和认可？高效能的团队合作者多久会获得一次奖励？高效能的团队会得到认可吗？
- 哪种类型的人会被公开感谢并被称为成功人士？
- 哪些奖励和认可的做法可能会无意中阻碍团队合作？为什么会阻碍团队合作？

### 培养领导力：

- 我们如何培养高效能的团队领导者？
- 我们提供的领导力培训内容是来让领导者学习如何领导团队呢，还是主要集中在个人管理和商业决策上？
- 如何将经理和项目负责人培养成为高效能的团队领导者？我们在强化领导力培训这一点上做得是否足够？

## 高层领导力

虽然大多数员工可能不会经常见到高层领导者或与其进行互动，但高层领导者的行为和沟通方式，对团队合作能否成为组织规范却有着惊人的影响力。通过思考以下关键问题，你可以发现高层领导者有哪些潜在的机会，来清晰地发出强调团队合作价值的信号。

**行为模式：**

- 高层领导者团队内部的合作情况如何？他们是否能有效合作？他们是否能有效地处理意见分歧？
- 高层领导者通常如何行事？他们是合作方面的典范吗？他们会说彼此或其他部门的坏话吗？他们的行为文明吗？
- 高层领导者做出的决策是有助于打破还是会强化筒仓效应？

**沟通方式：**

- 关于团队合作，高层领导者的沟通方式传达了怎样的信息？
- 高层领导者是否强调过团队合作的重要性？他们讲述的故事是以成功的团队合作为主还是以个人成就为主？
- 当不同的高层领导者进行沟通后，他们是否向组织内部传递了一致的信息？

**建立心理安全感：**

- 高层领导者在建立或降低团队心理安全感方面做了哪些事情？例如，他们如何回应善意的异议，或者如何对待那些向他们传达"坏消息"

的团队成员？
- 如果高层领导者发现团队成员犯了一个无心的错误，会采取怎样的措施？
- 当高层领导者犯了错误、误解了某事或在某些方面需要改进时，他们在多大程度上愿意承认错误？

## 团队内部的合作氛围

每个团队都在自己独特的内部氛围下运作，这会对团队能否取得成功产生深远的影响。这些氛围既可以帮助团队，也可以阻碍团队，在某些情况下，它们甚至可能让团队几乎无法完成任务。你可以通过以下关键问题对最突出的 4 种团队内部的合作氛围进行关注。

**资源：**

- 团队是否拥有完成任务所需的资源？
- 团队如何尝试获得额外资源？
- 哪些资源是受限的？团队如何才能最好地解决受这些资源所限的问题？团队能否在这些限制下有效工作？

**时间的可用性：**

- 团队成员是否有足够的时间来完成自己的工作？是否有缓冲时间？
- 团队成员在完成自己任务的基础上，是否还有时间提供补位或支持？
- 是否为团队成员安排了时间进行协作性工作、学习或创新？他们是否有时间对协作情况进行回顾？

**自主决策权：**

- 团队成员是否清楚哪些情况需要得到授权才能自主决策？他们获得相应的授权了吗？
- 在必要时，团队是能够独立决策并自主执行，还是需要花费大量时间进行向上管理？
- 如果需要，团队如何通过协商来获得更大的自主权？

**团队使命和宗旨：**

- 团队的宗旨是否清晰且令人信服？
- 团队成员需要共同努力来达成团队的使命吗？
- 如果使命本身不令人信服，那么团队应该围绕什么来建立认同感？[1]

---

[1] © The Group for Organizational Effectiveness, Inc. From gOEbase.

# 7 大驱动因素的快速诊断工具

利用 7 大驱动因素评估表可以快速评估团队状况（见表 T4-1）。

表 T4-1　7 大驱动因素评估表

| 驱动因素 | 关键问题 | 自我评估 | 注释 / 思考<br>（例如，关注点和机会是什么？<br>该如何建立优势或改善劣势？） |
|---|---|---|---|
| 能力 | • 我们团队中是否拥有团队所需要的具有相应知识技能和特质的成员？<br>• 我们是否有足够的人才？<br>• 人才是否存在能力差距或发展需要？<br>• 人才是否存在严重的人格方面的问题？<br>• 是否拥有足够多具有团队精神的成员？ | 1 2 3 4 5 | • 能力的提升或改变会在哪些方面对我们有所帮助？ |

**能成事的团队**
Teams That Work

续表

| 驱动因素 | 关键问题 | 自我评估 | 注释/思考（例如，关注点和机会是什么？该如何建立优势或改善劣势？） |
|---|---|---|---|
| 协作 | • 团队成员对团队有正确的信念和态度吗？<br>• 我们是否信任彼此（信任），是否可以直言不讳（心理安全感），是否认为团队会取得成功（集体效能），是否相信我们所做的工作很重要（凝聚力）？ | 1 2 3 4 5 | • 我们需要提升哪方面的态度？<br>• 我们该如何改进这些态度呢？ |
| 协调 | • 我们的团队是否一直表现出有效的团队合作行为？<br>• 我们是否有效地审视彼此和周边情境，提供补位或支持，根据需要进行适应，并对情绪和冲突进行建设性管理？ | 1 2 3 4 5 | • 我们可以在哪些方面和什么时间，更好地进行审视、提供补位或支持、适应或管理团队情绪和冲突？ |
| 沟通 | • 团队成员之间，以及团队成员与团队外部人员之间是否有效地共享信息？<br>• 我们是否对独特信息进行共享，并做到及时沟通，确认对方理解，让其他人了解情况，并向团队外部人员传达一致的信息？ | 1 2 3 4 5 | • 我们可以在什么时间和哪些方面进行更高质量的沟通？ |
| 认知 | • 团队成员是否对优先事项、角色、愿景、"如果-那么"模式等拥有共享认知？<br>• 我们是否步调一致？我们能否对相同问题有类似的答案？我们前进的方向是什么？当前的优先事项是什么？谁应该做某事？谁最了解某事？具体发生了什么？ | 1 2 3 4 5 | • 我们需要在哪些方面建立更清晰的共享认知？ |
| 氛围 | • 我们的团队是否具备能够一起合作并取得成功所需的氛围？<br>• 我们有足够的资源、时间和自主决策权吗？政策、举措和文化规范是否鼓励团队合作？ | 1 2 3 4 5 | • 我们希望改变哪些氛围？<br>• 哪些方面是我们能控制的？ |

续表

| 驱动因素 | 关键问题 | 自我评估 | 注释/思考<br>（例如，关注点和机会是什么？该如何建立优势或改善劣势？） |
|---|---|---|---|
| 教练 | • 我们的团队领导者和其他团队成员是否表现出帮助团队取得成功的领导行为？<br>• 我们是否采取行动让彼此承担责任、提高事情的清晰度、消除障碍、管理团队情绪、鼓励参与并促进学习？ | 1 2 3 4 5 | 我们的团队领导者或成员在哪些方面可以做得更多或更好呢？ |

注：1=非常弱，2=有一点弱，3=适中，4=有一点强，5=非常强。

## 寻找改善的机会

7大驱动因素中任何一个出现短板或障碍，都会阻碍团队的成功。在进行诊断时，请考虑两个关键问题："如果……那么……"和"我们能做到吗？"

"如果……那么……"：

"如果……那么……"体现了改进的潜力，展现了目前的实际状况与理想状况之间的差距有多大。例如，团队目前的沟通方式与你认为他们应该采取的沟通方式有怎样的差距。如果团队进行调整，那么可能会带来什么益处？一般来说，较大的差距往往具有较大的改进潜力。如果团队做出了这样的调整，那么你预期会有大的、中等的还是小的提升？

"我们能做到吗"：

"我们能做到吗"体现的是改变的潜力。例如，这一领域进行改变的可行性有多大？从现实角度看，要做出调整的难度有多大？改变的难度可以分为3种不同级别。

**易于改变**。当在团队的控制范围内进行改变，且不需要外部授权时，改变通常会更容易。一般当团队获得必要的资源时，改变也会更容易。一个简单的改变可能是不需要精心策划的，你所需要做的也许只是加强关注。

**具有挑战性的改变**。有些改变实施起来更具挑战性。例如，如果这个改变需要他人许可或支持，需要预算外的时间或资金，它就会被视为具有挑战性的改变。这样的改变可能比简单的改变更费力，但仍然是可行的。

**无法改变**。重要的是要认识到，一些有意义的改变在当前可能是不可行的。团队的某些功能可能被锁定，或者至少在未来的一段时间内无法进行有意义的改变。例如，也许你无法替换你的团队成员，人员配置目前是安排好的。当飞往火星的机组人员起飞后，成员资格就锁定了，不可能再有任何改变。还有些改变可能超出团队的控制范围，所需的资源或支持根本无法获得。你不应该在那些无法改变的地方投入太多的时间和精力，相反，你需要寻找其他变通方法。

你考虑到的任何改变都包含在表T4-2之中。下表提供了一些基本的建议，帮助你选择优先考虑的有效解决方案，以提高团队效能。

表 T4-2　依据改变难度选择不同调整难度下的解决方案

| 改变难度 | 易于改变情况下的方案 | 具有挑战性的改变情况下的方案 | 无法改变情况下的方案 |
| --- | --- | --- | --- |
| 大的提升 | 马上做 | 值得试试 | 创造变通方法 |
| 中等提升 | 可以做 | 也许可以一试 | 考虑变通方法 |
| 小的或没有提升 | 某些方面可以尝试 | 不值一试 | 别管它 |

# 未来，属于终身学习者

我们正在亲历前所未有的变革——互联网改变了信息传递的方式，指数级技术快速发展并颠覆商业世界，人工智能正在侵占越来越多的人类领地。

面对这些变化，我们需要问自己：未来需要什么样的人才？

答案是，成为终身学习者。终身学习意味着永不停歇地追求全面的知识结构、强大的逻辑思考能力和敏锐的感知力。这是一种能够在不断变化中随时重建、更新认知体系的能力。阅读，无疑是帮助我们提高这种能力的最佳途径。

在充满不确定性的时代，答案并不总是简单地出现在书本之中。"读万卷书"不仅要亲自阅读、广泛阅读，也需要我们深入探索好书的内部世界，让知识不再局限于书本之中。

## 湛庐阅读 App: 与最聪明的人共同进化

我们现在推出全新的湛庐阅读 App，它将成为您在书本之外，践行终身学习的场所。

- 不用考虑"读什么"。这里汇集了湛庐所有纸质书、电子书、有声书和各种阅读服务。
- 可以学习"怎么读"。我们提供包括课程、精读班和讲书在内的全方位阅读解决方案。
- 谁来领读？您能最先了解到作者、译者、专家等大咖的前沿洞见，他们是高质量思想的源泉。
- 与谁共读？您将加入优秀的读者和终身学习者的行列，他们对阅读和学习具有持久的热情和源源不断的动力。

在湛庐阅读 App 首页，编辑为您精选了经典书目和优质音视频内容，每天早、中、晚更新，满足您不间断的阅读需求。

【特别专题】【主题书单】【人物特写】等原创专栏，提供专业、深度的解读和选书参考，回应社会议题，是您了解湛庐近千位重要作者思想的独家渠道。

在每本图书的详情页，您将通过深度导读栏目【专家视点】【深度访谈】和【书评】读懂、读透一本好书。

通过这个不设限的学习平台，您在任何时间、任何地点都能获得有价值的思想，并通过阅读实现终身学习。我们邀您共建一个与最聪明的人共同进化的社区，使其成为先进思想交汇的聚集地，这正是我们的使命和价值所在。

# CHEERS

## 湛庐阅读 App 使用指南

**读什么**
- 纸质书
- 电子书
- 有声书

**怎么读**
- 课程
- 精读班
- 讲书
- 测一测
- 参考文献
- 图片资料

**与谁共读**
- 主题书单
- 特别专题
- 人物特写
- 日更专栏
- 编辑推荐

**谁来领读**
- 专家视点
- 深度访谈
- 书评
- 精彩视频

HERE COMES EVERYBODY

下载湛庐阅读 App
一站获取阅读服务

Teams that work: the seven drivers of team effectiveness by Scott Tannenbaum and Eduardo Salas

Copyright © 2021 by Oxford University Press

Teams that work: the seven drivers of team effectiveness was originally published in English in 2021. This translation is published by arrangement with Oxford University Press. BEIJING CHEERS BOOKS LTD. is solely responsible for this translation from the original work and Oxford University Press shall have no liability for any errors, omissions or inaccuracies or ambiguities in such translation or for any losses caused by reliance thereon.

All rights reserved.

本书中文简体字版经授权在中华人民共和国境内独家出版发行。未经出版者书面许可，不得以任何方式抄袭、复制或节录本书中的任何部分。

版权所有，侵权必究

图书在版编目（CIP）数据

能成事的团队 /（美）斯科特·坦嫩鲍姆（Scott Tannenbaum），（美）爱德华多·萨拉斯（Eduardo Salas）著；陈玮，余杰丰译 . -- 杭州：浙江教育出版社，2024.11. -- ISBN 978-7-5722-8888-3

Ⅰ . C936

中国国家版本馆 CIP 数据核字第 2024RN4779 号

上架指导：企业管理

版权所有，侵权必究
本书法律顾问　北京市盈科律师事务所　崔爽律师

浙江省版权局
著作权合同登记号
图字：11-2023-013号

# 能成事的团队
NENG CHENGSHI DE TUANDUI

［美］斯科特·坦嫩鲍姆（Scott Tannenbaum）　爱德华多·萨拉斯（Eduardo Salas）　著
陈玮　余杰丰　译

| | |
|---|---|
| 责任编辑： | 刘姗姗 |
| 美术编辑： | 钟吉菲 |
| 责任校对： | 陈　煜 |
| 责任印务： | 陈　沁 |
| 封面设计： | 湛庐文化 |

| | | | | |
|---|---|---|---|---|
| 出版发行 | 浙江教育出版社（杭州市环城北路 177 号） | | | |
| 印　　刷 | 河北鹏润印刷有限公司 | | | |
| 开　　本 | 710mm×965mm 1/16 | 插　页 | 1 | |
| 印　　张 | 18.50 | 字　数 | 236 千字 | |
| 版　　次 | 2024 年 11 月第 1 版 | 印　次 | 2024 年 11 月第 1 次印刷 | |
| 书　　号 | ISBN 978-7-5722-8888-3 | 定　价 | 99.90 元 | |

如发现印装质量问题，影响阅读，请致电 010-56676359 联系调换。